汽车空调技术

主 编 汪小孟

北京理工大学出版社
BEIJING INSTITUTE OF TECHNOLOGY PRESS

内 容 简 介

本书主要以大众奥迪为例，系统地介绍了汽车空调系统的组成与工作原理、主要部件的结构、空调的使用与维修等，内容主要包括汽车空调概述、空调维修基本知识、汽车空调制冷系统、汽车空调采暖系统、汽车空调的通风与空气净化装置、汽车空调的控制系统、自动空调技术、汽车空调的使用与故障检修等。

本书以实用性为主导，通俗易懂、图文并茂，适合作为车辆工程、汽车服务工程、交通运输、汽车维修、汽车技术服务与营销及其它汽车类专业教材，也可作为汽车维修技术培训教材和从事汽车使用与维修工作的工程技术人员、工人的参考用书。

版权专有　侵权必究

图书在版编目（CIP）数据

汽车空调技术/汪小孟主编. —北京：北京理工大学出版社，2020.1（2020.2 重印）
ISBN 978 - 7 - 5682 - 8150 - 8

Ⅰ. ①汽… Ⅱ. ①汪… Ⅲ. ①汽车空调 Ⅳ. ①U463.85

中国版本图书馆 CIP 数据核字（2020）第 023454 号

出版发行 /	北京理工大学出版社有限责任公司
社　　址 /	北京市海淀区中关村南大街 5 号
邮　　编 /	100081
电　　话 /	(010) 68914775（总编室）
	(010) 82562903（教材售后服务热线）
	(010) 68948351（其他图书服务热线）
网　　址 /	http://www.bitpress.com.cn
经　　销 /	全国各地新华书店
印　　刷 /	三河市天利华印刷装订有限公司
开　　本 /	787 毫米 × 1092 毫米　1/16
印　　张 /	7	责任编辑 / 封　雪
字　　数 /	172 千字	文案编辑 / 毛慧佳
版　　次 /	2020 年 1 月第 1 版　2020 年 2 月第 2 次印刷	责任校对 / 周瑞红
定　　价 /	26.00 元	责任印制 / 李志强

图书出现印装质量问题，请拨打售后服务热线，本社负责调换

前　言

本书以《国家中长期教育改革和发展规划纲要（2010—2020 年）》为指导，汲取了近年来汽车高等教育教学所取得的新成果，立足于以人为本、以实用性技能为导向的原则编写。本书系统讲解了汽车空调的安装位置、基本组成、作用、工作原理、使用方法、维修方法和故障分析等内容。本书从高等教育的实际出发，结合教学和生产实际的需要，将汽车空调内容进行了重新整合，增加了很多实用性、可操作性等新内容，具有较强的针对性。本书共分 7 个章节。

本书可作为高等院校汽车制造与装配专业、汽车电子技术与控制专业、汽车检测与维修专业、汽车整形技术专业、汽车定损与评估及汽车技术服务与营销专业的教学用书，也可作为成人高校、高专、夜大、职大、函大等层次的教学用书，以及自学者及工程技术人员的自学用书。

由于编写时间仓促，加上编者水平和经验所限，书中难免存在不妥和错误之处，敬请广大读者批评指正。

目 录

第一章 汽车空调概述 …… 1
项目一 汽车空调的概念 …… 1
一、汽车空调的定义 …… 1
二、汽车空调与人体健康 …… 2
项目二 汽车空调发展史 …… 4
一、汽车空调的发展阶段 …… 4
二、汽车空调的发展史 …… 5
项目三 维修注意事项与安全 …… 7
一、汽车空调维修注意事项与安全 …… 7
二、汽车空调用 HFC-134a 制冷剂时的注意事项 …… 8

第二章 汽车空调系统的组成及工作原理 …… 9
项目一 汽车空调系统的组成及分类 …… 9
一、汽车空调系统的组成 …… 9
二、汽车空调系统的分类 …… 10
三、汽车空调的控制面板 …… 12
项目二 制冷剂和冷冻润滑油 …… 13
一、制冷剂 …… 13
二、冷冻润滑油 …… 15
项目三 汽车空调系统的总体结构 …… 17
一、汽车空调系统的认识 …… 17
二、汽车空调各部件名称及安装位置 …… 17
项目四 汽车空调制冷系统的组成及工作原理 …… 18
一、汽车空调制冷系统的组成 …… 18
二、汽车空调制冷系统的工作原理 …… 19
三、膨胀阀制冷系统和节流管制冷系统的比较 …… 21

第三章 汽车空调制冷系统的主要部件 …… 24
项目一 压缩机 …… 24
一、压缩机的功用 …… 24
二、常见的压缩机分类 …… 25
项目二 冷凝器 …… 33
一、冷凝器的作用 …… 33

目录

  二、冷凝器的类型 ……………………………………………………………… 34
 项目三 储液干燥器 …………………………………………………………… 35
  一、储液干燥器的功用 …………………………………………………………… 35
  二、液气分离器 …………………………………………………………………… 36
 项目四 膨胀阀 ………………………………………………………………… 37
  一、膨胀阀的安装位置及作用 …………………………………………………… 37
  二、膨胀阀的类型 ………………………………………………………………… 38
  三、膨胀阀的工作原理 …………………………………………………………… 40
  四、节流管 ………………………………………………………………………… 40
 项目五 蒸发器 ………………………………………………………………… 41
  一、蒸发器的安装位置及功用 …………………………………………………… 41
  二、蒸发器的结构特点 …………………………………………………………… 42
  三、制冷剂循环管路 ……………………………………………………………… 42
 项目六 电磁离合器 …………………………………………………………… 44
  一、电磁离合器结构组成及作用 ………………………………………………… 44
  二、电磁离合器的工作原理 ……………………………………………………… 45
 项目七 控制元件 ……………………………………………………………… 45
  一、汽车空调控制系统的控制元件 ……………………………………………… 45
  二、制冷循环的压力控制 ………………………………………………………… 47

第四章 汽车空调的暖风与通风系统 …………………………………………… 53
 项目一 汽车空调的暖风系统 ………………………………………………… 53
  一、汽车空调暖风系统的作用及类型 …………………………………………… 53
  二、汽车空调暖风系统的工作原理 ……………………………………………… 54
  三、汽车空调暖风系统结构 ……………………………………………………… 55
 项目二 汽车空调的通风系统 ………………………………………………… 58
  一、通风装置 ……………………………………………………………………… 58
  二、通风系统的原理 ……………………………………………………………… 59
  三、风窗玻璃防雾装置 …………………………………………………………… 61
 项目三 空气净化装置 ………………………………………………………… 62
  一、空气净化装置的功用 ………………………………………………………… 62
  二、空气净化装置采用的净化方法 ……………………………………………… 62

目 录

第五章　汽车空调的控制系统 ………………………………………………… 67
项目一　汽车空调的控制 …………………………………………………… 67
一、汽车空调控制系统的功能 ……………………………………………… 67
二、汽车空调控制系统的控制方法 ………………………………………… 67
项目二　空调系统控制电路 ………………………………………………… 70
一、汽车空调系统基本控制电路 …………………………………………… 70
二、空调电气控制系统 ……………………………………………………… 70

第六章　汽车自动空调系统 …………………………………………………… 75
项目一　自动空调系统的组成及工作原理 ………………………………… 75
一、自动空调系统的组成 …………………………………………………… 75
二、自动空调器的工作原理 ………………………………………………… 76
项目二　汽车自动空调的控制 ……………………………………………… 79
一、自动空调操纵控制系统 ………………………………………………… 79
二、定位电机 ………………………………………………………………… 80
三、自动空调系统电气连接 ………………………………………………… 82

第七章　汽车空调系统的维护及故障诊断 …………………………………… 85
项目一　汽车空调系统的维护 ……………………………………………… 85
一、维护制冷系统的注意事项 ……………………………………………… 85
二、汽车空调系统常用检修设备 …………………………………………… 85
项目二　制冷系统抽真空和加注 …………………………………………… 88
一、制冷系统抽真空 ………………………………………………………… 88
二、制冷剂的加注 …………………………………………………………… 89
三、制冷剂的补充与排放 …………………………………………………… 92
四、冷冻润滑油的加注 ……………………………………………………… 93
项目三　汽车空调系统故障诊断 …………………………………………… 94
一、汽车空调系统常见故障（表7-1） …………………………………… 94
二、汽车空调系统噪声及排除（表7-2） ………………………………… 95
三、汽车空调系统冷却时有时无的原因及排除（表7-3） ……………… 95
四、汽车空调系统冷却效果不佳的原因及排除（表7-4） ……………… 96

参考文献 ………………………………………………………………………… 99

第一章　汽车空调概述

项目一　汽车空调的概念

一、汽车空调的定义

空调是人们非常熟悉的名词，因为许多工作场所和家里都装有空调器（简称空调）。空调即空气调节，空气调节就是对一封闭空间内的空气温度、湿度、清新度等进行调节，使封闭空间的空气环境达到对人体最适宜的状态。

汽车空调是对汽车车厢内空气调节的简称，英文缩写为 A/C。主要是对空气进行冷却或加热、洗涤或过滤、加湿或除湿、循环流动或不循环流动等处理，并对空气数量和质量加以控制。其作用是调节车内的温度、湿度、空气清新度，用以提高车内驾乘人员的舒适性。

现代汽车所配置的自动空调系统其功能较为完整，它包括采暖、制冷、空气净化、通风与空气温度调节、自动控制等功能。

（1）采暖功能。由采暖系统对车内空气或车外进入车内的新鲜空气进行加热、除湿，使车内达到"温暖"的舒适程度。

（2）制冷功能。通过制冷系统对车内空气或车外进入车内的新鲜空气进行冷却、除湿，使车内达到"凉爽"的舒适程度。

（3）空气净化功能。通过空气净化装置除去进入车内空气中的尘埃、异味，使车内空气变得清洁，目前普通汽车上所用的空调系统通常不具备空气净化功能，或只进行简单的除尘过滤。空气净化功能较为完备的空调系统在一些高级轿车或豪华大客车上有较多的应用。

（4）通风与空气温度调节功能。通风系统将车外的新鲜空气引进车内，以达到通风、换气的目的；空气温度调节功能是将冷风、热风、新鲜空气有机地混合，形成适宜的气流供给车内。汽车空调各个风口如图 1-1 所示。

（5）自动控制功能。现代汽车自动空调系统通过空调电子控制系统可自动实现制冷、采暖和换气的有机组合，向车内提供冷暖适宜、风量与风向适当的空气，即具有自动对车内环境进行全季节、全方位、多功能的最佳控制的功能。汽车自动空调系统如图 1-2 所示。

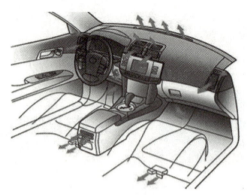

图1-1 汽车空调各个风口

图1-2 汽车自动空调系统

汽车空调性能好坏的主要评价指标是舒适性和经济性。除此之外还有安全性和环保性等。

二、汽车空调与人体健康

汽车空调能给乘员带来舒适的乘车环境，但是任何事物都是一分为二的，汽车空调也会有影响人体健康的一面。

汽车空调是汽车内细菌和霉菌等聚积最多的地方，这些菌类会随着空调的出风直接吹进车内，污染车内空气，同时污染人体的呼吸道，车内有异味常常是它们在作怪。

在汽车维修厂，汽车空调维修技师常年暴露在各种细菌、霉菌、气体、灰尘、烟雾、噪声以及离子和非离子辐射的环境中，必然对人体健康构成严重威胁，因此，人们必须认识到汽车维修车间和汽车空调维修存在的各种潜在危险。

一般情况下，车内空气使人感到舒适的条件主要有：

（1）调节车内空气的温度。平均温度为：夏季22～28 ℃，冬季15～18 ℃。在冬季，如果温度低于15 ℃，人就会有冷的感觉，温度越低，手脚动作越容易僵硬，操作灵活性会越差，对行车安全会有影响；当温度下降到0 ℃时，会使人产生冻伤。在夏季，如果温度高于 28 ℃，人体就会有热的感觉，温度越高，头昏脑涨、精神不集中、思维迟钝的情况就会越严重，这容易造成行车事故；如果温度高于 40 ℃，就会对人体健康造成伤害。有无空调系统的车内各空间温度对比如图 1 – 3 所示。

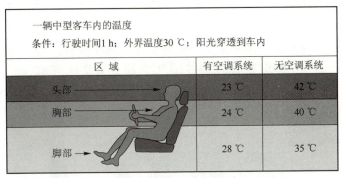

图 1 – 3　有无空调系统的车内各空间温度对比

（2）调节车内空气的湿度，以保持在 30% ~ 70% 为宜。空气湿度是汽车空调质量的另一项指标，人们通常用空气潮湿、空气干燥来表示空气湿度过高或过低。人体适宜的相对湿度夏季为 50% ~ 60%，冬季为 40% ~ 50%。在此湿度范围内，人会感觉舒畅，皮肤光滑、柔嫩。湿度过低（15% ~ 30%），人体皮肤会干燥，衣服与皮肤摩擦产生静电而使人感觉很不舒服；如果湿度太低，则会使人体皮肤因缺水而造成干裂。湿度过高（90% ~ 95%），人体皮肤水分蒸发不出去，干扰人体正常新陈代谢；湿度太高，人会有"闷"的感觉，对人体健康会有不利的影响。

（3）调节车内空气的空气流速。空气流速一般为 0.25 m/s 左右，不宜超过 0.5 m/s，空气流速也是反映汽车空调质量的参数之一。空气的流动可促进人体内外散热，适宜的空气流速应在 0.075 ~ 0.250 m/s 之间。空气低速流动会使人感觉舒适，如果空气流速过高，人就会有不舒适的感觉。环境温度和空气流动对舒适度的影响曲线如图 1 – 4 所示。

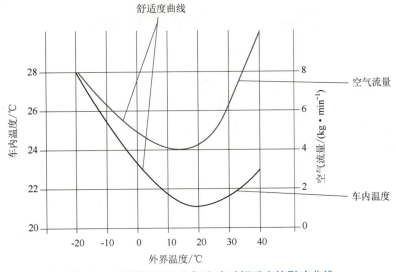

图 1 – 4　环境温度和空气流动对舒适度的影响曲线

（4）净化车内空气。车内新鲜空气量应保持在 20~30 m³/h，二氧化碳（体积）浓度应在 0.1% 以下。空气清新度是反映汽车空调质量的另一项指标。清新的空气应该富氧，少 CO_2（<0.03%）和 CO（<0.01%），少粉尘。由于汽车内空间较小，极易造成空气混浊，使人感觉不适，且对驾乘人员身体健康不利。如果 CO_2 含量 >1.0%，CO 含量 >0.03%，则会严重影响驾乘人员的身体健康。

因此，根据人体生理特点以及温度、湿度和空气流速等影响，人体适宜的温度分布是头凉脚暖，头部的舒适温度比脚部要低 1.5~2.0 ℃，温差为 2 ℃ 左右（头部对热比较敏感，脚部对冷比较敏感）。因此，汽车空调出风口的布局采取上冷下暖的流动方式。温度对驾驶员舒适度的影响如图 1-5 所示。

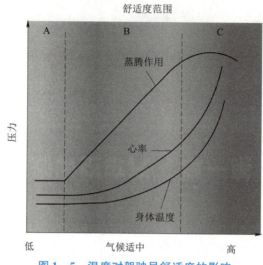

图 1-5　温度对驾驶员舒适度的影响

项目二　汽车空调发展史

一、汽车空调的发展阶段

汽车空调技术是随着汽车的日益普及以及人们对汽车舒适性、安全性要求的提高而发展起来的。其发展过程可以概括为 5 个阶段，即单一取暖→单一制冷→冷暖一体化→自动控制→微电脑控制。

1. 单一取暖阶段

1925 年，在美国纽约出现了第一台利用汽车冷却液通过加热器取暖的汽车，当时轰动了世界各国的汽车制造商，但该车还没有通风系统。到 1927 年发展为具有加热器、鼓风机和空气滤清器等比较完整的取暖系统。这种取暖系统直到 1948 年才在欧洲出现。而日本到 1954 年才开始在汽车上使用加热器取暖。目前，在寒冷的北欧、亚欧北部地区，汽车空调仍然使用单一取暖系统。

2. 单一制冷阶段

1939年，美国帕克汽车公司首先在轿车上安装由机械制冷的空调，但这项技术由于第二次世界大战而停止发展。战后在美国经济发展迅速的背景下，单一制冷汽车空调得以迅速发展起来。特别是因1950年美国石油产地的炎热天气，急需大量的冷气车，安装了单一制冷空调的汽车得以迅速发展起来。到1957年，欧洲、日本才开始生产这种单一制冷的汽车。单一制冷的方法目前仍然在热带、亚热带地区使用。

3. 冷暖一体化阶段

1954年，美国通用汽车公司首先在纳什轿车上安装了冷暖一体化的空调系统。该空调基本具有降温、除湿、通风、过滤和除霜功能。这种方式目前仍在大量经济型汽车上使用，是目前使用量最大的一种方式。

4. 自动控制阶段

冷热一体汽车空调需要人工操纵，这显然增加了驾驶员的工作量，同时控制质量也不太理想。自从冷暖一体化汽车空调出现后，美国通用汽车公司就着手研究自动控制空调，并于1964年首先安装在凯迪拉克轿车上，紧接着通用、福特和克莱斯勒三大汽车公司先后在各自的高级轿车上安装了自动空调。自动空调装置只要预先设定温度，就能自动在设定的温度范围内工作。系统根据传感器检测车内、车外的温度等信息，自动指挥空调各部件工作，以达到调节车内温度和其他功能的目的。

5. 微电脑控制阶段

1973年，美国通用汽车公司和日本五十铃汽车公司联合研制由微电脑控制的汽车空调系统，1977年安装在各自的汽车上，将汽车站空调技术推广到一个新的高度。微电脑控制的汽车空调系统具备数字化显示、冷暖通风三位一体化、自诊断系统以及执行器自检和数据流传输等功能。通过微电脑的控制，实现了空调运行的相互统一，极大地改善了制冷效果并节约了燃料，从而提高了汽车的整体性能和舒适性。

二、汽车空调的发展史

1. 国外汽车空调的发展

1927年，在美国纽约市场上出现了第一台汽车空调装置，当时震惊了世界各国的汽车制造商。实际上这种装置只能称为"加热器"，只是在汽车车厢内增加了热量，在欧洲寒冷的季节里，能起到一定的保暖作用。

到1938年，美国人帕尔德发明了汽车空调，他根据电冰箱"冷气"的原理，在一辆老爷车上进行了试验。又于1939年将改进后的冷气机安装在美国福特汽车公司制造的林肯V12型轿车中，效果很好。

1940年，美国Packard公司第一次将机械制冷技术应用于汽车空调上，为世界汽车空调市场开辟了发展之路。

第二次世界大战的爆发阻碍了汽车空调的发展。"二战"结束后，汽车空调的实用化、普及化开始逐渐恢复发展起来。

1953年，美国的一些汽车制造厂商正式将空调应用在普通轿车上，接着便大批量生产汽车空调。当地装有空调的汽车已达车辆总数的10%，计5万辆。

1954年，第一台冷暖一体化整体式汽车空调安装在美国Nash牌小客车上。

1957年，日本参考美国的技术，也开始试制生产汽车空调，然后欧洲的汽车制造厂商也相继开始生产轿车用空调。

1960年，冷气装置的汽车空调开始普及于世界。据有关资料统计表明，截至1962年，世界上装有空调的轿车已达75万辆。

1964年，第一台自动控温的汽车空调安装在美国通用汽车公司的凯迪拉克豪华轿车中。

1967年，世界上安装汽车空调的轿车已达354万辆。

1971年之后，日本丰田汽车公司的世纪、皇冠，英国的劳斯莱斯，德国的梅赛德斯－奔驰等豪华高级轿车中都分别安装了自动汽车空调。

1979年，美国和日本共同推出用微电脑控制的汽车空调，并用数字显示，以达到最佳控制效果。此时，汽车空调产品已进入第四代。

1989年，美国通用汽车公司大量生产的初期产品主要是专用循环空气进口的"突进型"汽车空调。由于其对空气循环、外部空气的选择、出气位置的确定，以及除湿和温度控制等都较难实现，因此将主流改为空气混合型空调。

2. 我国汽车空调的发展史

20世纪70年代，我国最早的汽车空调使用在中国一汽红旗牌轿车上。1976年，上海汽车空调机厂（原上海内燃机油泵厂）制造汽车空调，配套安装在上海牌轿车SH760A中。

1969年，长春一汽研制了我国第一台汽车空调，并安装在CA772红旗牌特种保险车上。

1971年，中国一汽生产的各种型号的红旗牌高级轿车上全部安装了空调。

1980年，中国一汽为红旗牌高级旅游车设计制造了客车空调，并完成了批量生产工作。

1981年，上海牌轿车也研制了空调装置。

改革开放后，国内掀起了汽车空调热，几百个企业纷纷争上汽车空调。出现超规模发展、低水平重复建设和散、乱、差的局面。在国家宏观调控和市场机制作用下，企业经历10余年的风雨波折走上改组改造、联合发展的道路。上海内燃机油泵厂与泰国正大集团合资成立上海易初通用机器有限公司，引进生产五缸摇盘SD系列压缩机产品率先为上汽大众桑塔纳乘用车配套。牡丹江空调机厂被一汽集团兼并，引进生产V5系列无级可变排量压缩机和十缸斜盘SP系列压缩机。另外，湖南华达空调机厂与日本杰克赛尔公司合资，上海汽车空调机厂与美国德尔福汽车空调公司合资，沙市区汽车空调器厂与法国法雷奥集团合资，烟台首钢汽车空调器厂与日本电装公司合资，岳阳恒立冷气设备股份有限公司被北京华诚集团控股。

1993年以后，汽车空调散、乱、差的局面有所改变，并逐步进入良性发展阶段。

进入21世纪，我国已能够生产空调的各种部件和各种汽车空调。一个新兴产业形成了。

中国汽车空调包览了当前世界上最先进的空调压缩机型和部件，已跻身世界第四位，仅次于日本、美国和韩国。

我国汽车空调技术工艺水平与发达国家相比不相上下，并且部分企业已具备进入国际市场的能力。

现代汽车空调的发展，向小型、高效、节能化，全自动型和智能环保型方向发展。

项目三 维修注意事项与安全

一、汽车空调维修注意事项与安全

（1）注意保持室内清洁，防止滑倒、绊倒以及其他类似的危险。

（2）不得在汽车修理室内嬉戏，如奔跑、扭打、抛掷工具或其他物品。

（3）对专用设备要知道如何保养、维修，对不懂得如何正确使用的设备不要使用。

（4）懂得可移动灭火器的使用方法，知道灭火器的放置位置。

（5）用压缩空气设备戏闹或用压缩空气吹衣服或工作台是极其危险的，飞扬的金属屑或玻璃屑可能会吹进眼睛或污染皮肤。另外，压缩空气吹入皮肤或五官内能造成严重的人员伤亡。

（6）维修没有冷却下来的车，可能会导致人员烫伤。烫伤大多数情况下都是因碰到歧管、排气管或散热器内液体而造成的。

（7）汽油机和柴油机只能在工作间（有专门设施能将有害废气合理排除的地方）或其他有良好通风条件的地方试车。

（8）蓄电池顶部积有大量氢气时，具有很强的爆炸性，不要用电线接触电池接线柱产生"火花"的方法检验蓄电池是否有电。

（9）在运动部件周围要特别小心，如飞轮、风扇叶、传动带和齿轮等。在维修、装拆任何运动机件时，应卷起袖子；机器转动时不得加注润滑油，并且不可擦洗其运动部件，手应该离开运动部件的位置。

（10）接触制动液时必须注意不能让其溅入眼睛内，推荐使用合适的灌注器加注制动液。制动液切勿接触油漆表面，这一点很重要，因为制动液里含有能使油漆软化、起泡和脱落的成分。

（11）钳子虽然经常用来拧螺栓、螺母，但不建议把它列为拧螺栓、螺母的工具。

（12）使用扳手时，要始终向后拉而不要向前推。由于工具滑脱或破裂引起的向后摔倒，远比向前的突然冲出容易预防和安全得多。

（13）应当遵守下列安全注意事项：

①钢瓶与制冷系统内不得超量注入制冷剂。

②不得让有压力的容器超温。

③制冷剂钢瓶、集液器、回收器等其他可能存在液态制冷剂的容器不得与火接触。

④不得用蒸煮的方法清洗可能含有液态制冷剂的容器。

⑤制冷系统内制冷剂品种和容量没有确定前不得改换或充注制冷剂。

⑥在拧松螺栓和螺钉前，待修理部分的压力必须预先释放；否则内部压力将螺栓或螺钉冲掉后，全部制冷剂将会冲到修理者的脸上，这会引起各种事故，包括导致失明或其他严重

工伤事故。

⑦工作中应保持精神集中，注意用电、用气、用火以及油料和各种工作液的安全。

⑧保持 7S 管理。

二、汽车空调用 HFC-134a 制冷剂时的注意事项

（1）制冷剂容器避免日光直射和火炉烘烤，以防意外。

（2）避免制冷剂与人的皮肤直接接触，以防冻伤。

（3）避免制冷剂误入眼睛，以防造成失明。

（4）制冷管路一旦拆开或有泄漏，制冷剂会全部漏完。

（5）制冷剂气态下比空气重，修理空调应避免在地沟或低洼处进行，以防窒息，操作现场应通风良好。

（6）制冷剂气体与火焰接触时，会产生毒气，应避免与火源接触。

（7）排放制冷剂要缓慢，以防润滑油与制冷剂一同放出。

（8）干燥剂应用 XH-7，并增加用量。

（9）冷冻机油应使用适于 HFC-134a 的专用油。

（10）采用 R134a 的空调系统，必须选用矿物质型润滑油密封件，O 形密封圈及橡胶件必须采用专用橡胶。

（11）非专业技师严禁使用制冷剂。

思考与练习

一、填空题

1. 汽车空调是装备在汽车上的空调系统，其作用是调节车内的_____、_____、_____，用以提高车内驾乘人员的舒适性。

2. 汽车空调技术的发展经历了 5 个阶段：单一供暖、_____制冷、_____一体化、_____控制的汽车空调和_____控制的汽车空调。

3. 汽车空调系统主要由_____、_____、_____、_____和_____等组成。

4. 衡量汽车空调质量的指标主要有 4 个：_____、_____、_____和_____。

二、简答题

1. 汽车空调的定义。

2. 制冷剂使用注意事项。

3. 冷冻润滑油使用注意事项。

4. 夏天空调制冷时排出的水是哪里来的？

第二章　汽车空调系统的组成及工作原理

项目一　汽车空调系统的组成及分类

一、汽车空调系统的组成

现代汽车越来越多地采用冷暖一体化的自动空调系统，这种自动空调系统由制冷系统、采暖系统、通风与空气温度调节系统、控制系统和空气净化系统等几部分组成。

1. 制冷系统

制冷系统的作用是对车内或由外部进入车内的新鲜空气进行冷却或除湿，使车内空气凉爽舒适。制冷系统是汽车空调的冷源，蒸气压缩式制冷装置通过压缩机的压缩和抽吸作用，使制冷剂在管路中循环，在低压端（蒸发器）汽化吸热，以降低蒸发器周围空气的温度，并将冷空气送入车内；在高压端（冷凝器处）液化散热，并将吸收了热量的热空气散发到车外大气中。如此，制冷系统工作时通过制冷剂气态与液态相互转换，进行着吸热和放热循环过程，将车内的热量"搬"到了车外，从而降低了车内空气的温度，其本质是热交换。

2. 采暖系统

采暖系统的作用是对车内或由外部进入车内的新鲜空气进行加热，达到取暖、除霜的目的。采暖系统是利用汽车发动机冷却液、废气的余热或利用燃烧器燃烧产生热量，通过加热器加热进入车内的空气，以提高车内的温度。

3. 通风与空气温度调节系统

通风系统的作用是将车外的新鲜空气引入车内，起到通风和换气的作用。通风系统通过鼓风机、进风口风门和风道将车外的新鲜空气引入车内，达到通风、换气的目的。空气温度调节系统则是通过相应的控制开关和风门控制进风量，并将冷风、热风、新鲜空气有机地混合，形成温度适宜、风量适当的气流送入车内。

4. 控制系统

控制系统的作用是对制冷系统、加热系统及通风系统的工作进行控制，同时对车内的空气温度、风量和流量进行调节，以保证空调系统正常工作。汽车自动空调系统是由传感器、控制器及执行机构组成的，用于自动调节车内空气的温度、湿度、空气流量和流向，使车内形成冷暖适宜的气流，实现车内环境在各个季节都能得到全方位多功能的最佳调节。

5. 空气净化系统

空气净化系统的作用是对车内空气中的尘埃、异味和其他有害气体等进行过滤，以保证车内空气的干净。空气净化系统通过特定方式将车内空气中的尘埃、异味及其他有害气体清除掉，以使车内空气变得清新。配备空气净化装置的汽车空调在高级轿车和豪华大客车上应用较多。

二、汽车空调系统的分类

不同类型、不同级别的汽车装备的汽车空调系统也会有所不同，因此，现代汽车空调系统按照不同的分类方式可分为多种类型。

1. 按功能分类

（1）单一功能型空调系统（图2-1）。单一功能型空调系统指冷风、暖风各自独立，自成系统，一般用于大、中型客车上。汽车空调可以有制冷和采暖两种功能，但是该种类型空调是将制冷系统、采暖系统、强制通风系统各自安装，单独操作，互不干涉，多用于大型客车和载货汽车上。

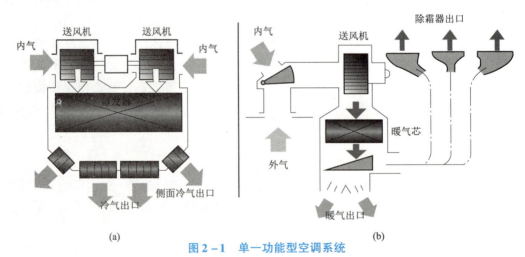

图2-1 单一功能型空调系统
(a) 冷风机；(b) 暖风机

（2）组合式空调系统（图2-2）。组合式空调系统也称为冷暖一体型空调系统，指冷、暖风合用一个鼓风机和一套操纵机构。这种结构又分为冷、暖风分别工作和冷、暖风可同时工作两种方式，多用于轿车上。冷暖一体型空调系统的制冷、取暖和通风共用一台鼓风机及一个风道，冷风、暖风和通风在同一控制板上进行控制。冷暖一体型空调系统结构紧凑、操作方便，多用于轿车上。

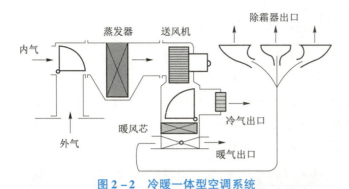

图 2-2 冷暖一体型空调系统

2. 按驱动方式分类

（1）非独立式空调系统（图 2-3）。非独立式空调系统由汽车发动机直接驱动制冷压缩机。这种汽车空调结构紧凑，其缺点是制冷性能受汽车发动机工作的影响，工作稳定性较差。目前，绝大部分轿车、面包车、小巴都使用这种空调系统。

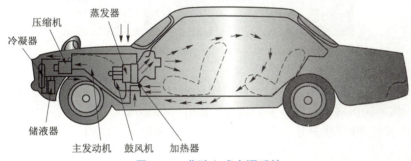

图 2-3 非独立式空调系统

（2）独立式空调系统（图 2-4）。独立式空调系统由专用空调发动机来驱动制冷压缩机。独立式空调系统的制冷量大，工作稳定，但成本高，体积及重量大。独立式空调系统多用于制冷量较大的大、中型客车上。

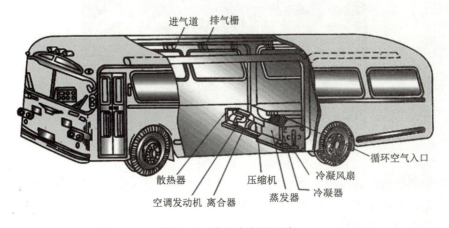

图 2-4 独立式空调系统

三、汽车空调的控制面板

在汽车空调系统中，温度的控制和风量的混合配送是由控制面板完成的。由于汽车空调的自动化程度不同，控制面板有手动、半自动和全自动 3 种。

手动、半自动控制面板的控制键形式有所不同，但它们的功能键控制的内容基本相同。手动空调由驾驶员通过控制面板的功能键完成对空调的温度、通风机构和风向、风速的调节。如图 2-5 所示，桑塔纳、切诺基等车均采用这种控制面板。

图 2-5　手动空调控制面板

汽车空调半自动操控系统可根据驾驶员的设定自动工作，将空调温度控制在设定的值。半自动空调仍然需要由驾驶员进行空调的设定操作，但提高了空调的舒适性，而成本增加不多，因此从 20 世纪 70 年代开始，在一些中高档轿车上得到了应用。半自动空调控制面板如图 2-6 所示。

图 2-6　半自动空调控制面板

全自动控制面板自动监控并调节温度、鼓风机速度和空气分配，全自动模式提供了最适宜的系统控制，并且不需要手动干预，手动模式允许忽略单个功能的自动运行，以适应个人偏好。典型的全自动空调控制面板一般有两种类型：一是实体按键控制面板，如图 2-7 所示；二是液晶触摸屏一体机控制面板，如图 2-8 所示。

第二章　汽车空调系统的组成及工作原理

图 2-7　自动空调控制面板

图 2-8　液晶触摸屏一体机控制面板

全自动空调也可以通过控制面板上的温度设定按键来设定空调的温度，控制系统会自动将空调温度稳定在设定的值。按下自动按钮时，控制系统根据车内外的温度及其他相应情况，自动选择运行模式、控制运行参数，使空调保持最佳状态。

电子控制器根据各相关传感器的电信号，自动对空调的温度、风量及风向等进行调节，可实现对车内空气环境的全季节、全方位、多功能的最佳调节和控制。自动控制空调又分模拟控制和微机控制两种形式，现代汽车越来越多地采用微机控制的自动空调系统。

项目二　制冷剂和冷冻润滑油

一、制冷剂

制冷剂，俗称冷媒、雪种等，如图 2-9 所示。国际上用英文字母 R 来表示（取英文制冷剂 Refrigerant 的第一字母）。字母 F 是美国杜邦公司的专用代号。制冷剂是制冷循环中传热的载体，通过状态变化吸收和放出热量，因此要求制冷剂在常温下很容易汽化，加压后很容易液化，同时在状态变化时要尽可能地多吸收或放出热量（较大的汽化或液化潜热）。

另外，制冷剂还应具备以下特性：

①不易燃易爆。

②无毒。

③无腐蚀性。

④对环境无害。

图 2-9 制冷剂

现在的汽车空调只使用 R134a 制冷剂。R134a 是一种氟-碳-氢化合物，简称四氟乙烷。它不含氯原子（R12 内就含氯原子），氯原子在分离后会破坏臭氧层。R134a 制冷剂的分子式为 CH_2FCF_3，是卤代烃类制冷剂中的一种。R134a 制冷剂的热力学性能（包括分子量、沸点、临界参数、饱和蒸气压和汽化潜热等）均与 R12 相近，具有无色、无臭、不燃烧、不爆炸、基本无毒的特性。R134a 的蒸气压力曲线如图 2-10 所示。

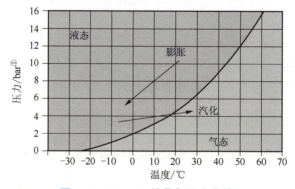

图 2-10 R134a 的蒸气压力曲线

---

① 1 bar = 10^5 Pa。

R134a 的物理数据如下：

沸点：-26.5 ℃；凝固点：-101.6 ℃；临界温度：100.6 ℃；临界压力：4.056 MPa。

但是，采用制冷剂 R134a 的汽车空调系统在结构与材料方面与 R12 空调系统还是有很大差别的。两种系统中的制冷剂是不能互换使用的。R134a 对全球变暖只有很小的影响，它几乎不会导致臭氧的减少。

二、冷冻润滑油

空调压缩机使用的润滑油称为冷冻机油或冷冻润滑油，它是一种在高、低温工况下均能正常工作的特殊润滑油。冷冻润滑油是保证压缩机正常运转的必要条件，使压缩机正常可靠工作，并延长其使用寿命。

1. 冷冻润滑油的作用

（1）润滑作用：润滑汽车空调压缩机及系统中的其他阀门等。压缩机是高速运动的机器，轴承、活塞、活塞环、连杆曲轴等零件表面需要润滑，以减少阻力和磨损，延长使用寿命，降低功耗，提高制冷系数。

（2）密封作用：对压缩机、阀门、管道接头等部位进行密封。汽车使用的压缩机都为半封闭式，其中压缩机输入轴承是靠油封来密封，防止制冷剂泄漏，有润滑油，油封才起密封作用。同时，活塞环上的润滑油不仅能够起到减少摩擦的作用，而且还能起到密封的作用。

（3）冷却作用：对压缩机进行冷却，避免高温。运动的摩擦表面产生高温，需要用冷冻油来冷却。冷冻油冷却不足，会引起压缩机温度过热、排气压力过高、降低制冷系数，甚至烧坏压缩机。

（4）降噪作用：降低压缩机的噪声。

2. 对冷冻润滑油的要求

制冷剂是用来溶解润滑油的。小型制冷设备的润滑油和制冷剂一起进行循环。不同的制冷设备有不同的排气温度和压力，对冷冻润滑油的性能要求也不尽相同，所以正确选用润滑油是非常重要的。

（1）冷冻润滑油的凝固点要低，在低温下具有良好的流动性。

（2）冷冻润滑油应具有一定的黏度，且受温度的影响要小。

（3）冷冻润滑油与制冷剂的溶解性能要好。

（4）冷冻润滑油的闪点温度要高，具有较高的热稳定性，即在高温下不氧化、不分解、不结胶、不积炭。

（5）冷冻润滑油的化学性质要稳定，与制冷剂和其他材料不起化学反应。冷冻润滑油应无水分。

3. 冷冻润滑油的选择

目前，能与 R134a 匹配的相溶的润滑油有聚烯基乙二醇（PAG）和聚酯类润滑油（ESTER）两类。

1）聚烯基乙二醇（PAG）润滑油

PAG 润滑油与 R134a 不能完全互溶，低黏度时互溶性较好，高黏度时互溶性降低。PAG 在高温情况下可分解成水、酸、一氧化碳和二氧化碳，有可能造成压缩机镀钢现象。PAG 润滑油与矿物油、R12 不相溶，若原系统内存在少量矿物油 R12，将使 PAG 润滑油润滑性能降低。PAG 润滑油与有些弹性材料不相溶，吸水性也很强，其饱和吸水量可超过 10%。PAG 润滑油主要用在 R134a 制冷的初期。针对上述情况，实际应用的 PAG 润滑油都经过了改性处理。

2）聚酯类润滑油（ESTER）

聚酯类润滑油是一种合成多元酸酯，由多元醇酸基础油和添加剂配制而成，主要成分是季戊四醇、三甲基丙酮和各种直链或支链型酯酸。聚酯类润滑油与 R134a 互溶性好，与 R12 也可互溶，不会出现低湿沉积现象。其吸水性比矿物油强，但水分与油是牢固结合的，在膨胀阀处不会结冰。原系统内残留的矿物油等物质对其性能影响不明显。由于在聚酯类润滑油中加了添加剂，故其耐磨性能良好。其与聚丁腈橡胶、氯丁橡胶等弹性材料相溶性较好，与绝缘材料也有较好的相溶性。PAG 润滑油与 ESTER 性质比较见表 2－1。

表 2－1　PAG 润滑油与 ESTER 性质比较

项目		PAG 润滑油	ESTER	矿物油
互溶性	与 R134a	较好	很好	不溶
	与 R12	不溶	很好	很好
	与矿物油	不兼容	少量兼容	很好
热稳定性		差	较好	好
吸湿性		差	较差	较好
润滑性		差	较好	较好
与弹性材料的相容性		差	差	较好
抗镀铜能力		差	较好	好
电绝缘性		差	较好	好

由此可见，ESTER 与 R134a 的相溶性比 PAG 润滑油与 R134a 的相溶性好，所以在选择时，应以低温性能为主进行选择，同时应考虑冷冻机油的热稳定性能。

项目三　汽车空调系统的总体结构

一、汽车空调系统的认识

汽车空调部件在汽车上的布置如图2-11所示。

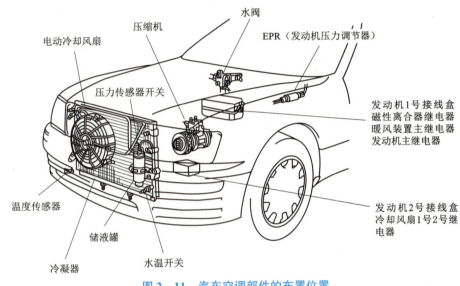

图2-11　汽车空调部件的布置位置

二、汽车空调各部件名称及安装位置

（1）冷凝器和储液干燥器安装在汽车的前部，与汽车发动机散热器左右并排或前后重叠放置，便于冷凝器和储液干燥器通风散热；电动冷却风扇置于冷凝器的前端或后端，以加强通风散热。

（2）双重压力开关安装在储液干燥器上，用于感应汽车空调制冷系统高压端的压力。

（3）汽车空调压缩机安装在发动机前端，通过发动机曲轴皮带轮驱动运转工作。

（4）膨胀阀和蒸发器安装在汽车驾驶室的仪表台下面，便于向驾驶室吹风配气。蒸发器位于通风配气通道中，暖风系统加热器、鼓风机也置于其中，夏季将蒸发器周围的冷空气吹入驾驶室，冬季将加热器周围的暖空气吹入驾驶室，如图2-12所示。

（5）由金属管道或橡胶软管连接制冷系统上述各部件，在汽车空调压缩机的作用下，制冷剂在上述部件和管道中循环流动，作为制冷系统热传递的媒介。

（6）通风配气通道总体位于驾驶室仪表台的下面。进风口通过进风风门连通前挡风玻璃下的空气和驾驶室内部，进风风门控制汽车空调通风系统的内外循环；出风口通过各气流风门连通驾驶室，如仪表台中部出风口、仪表台下部下出风口、驾驶室侧出风口、驾驶室后排座中部的后出风口等。

（7）各风门通过伺服电动机控制，安装在风门一侧，直接或间接控制风门的开闭和转动。

（8）暖风系统热水阀位于发动机冷却系统与汽车空调加热器之间的管道上，用于控制发动机热水进入加热器的量。

（9）汽车空调控制面板位于驾驶室仪表板的中部，驾驶员可使用右手进行操作控制。

（10）室外温度传感器位于汽车前保险杠处，不受发动机高温的影响，能够真实地感应车外温度；室内温度传感器位于通风口的进风管道内，用于感应驾驶室温度；蒸发器温度传感器位于蒸发器散热片之间，用于感应蒸发器的表面温度；发动机水温传感器安装在发动机水循环管道上，有的与发动机电脑共用；太阳光传感器位于仪表台上、挡风玻璃下，用于感应太阳光的强弱。空气质量传感器的位置与室内温度传感器相同。

（11）汽车空调系统电路中各继电器和熔断丝位于发动机舱接线盒中。

（12）汽车空调控制电脑位于驾驶室仪表台下。

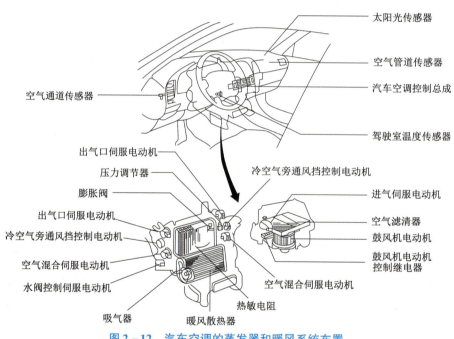

图 2-12 汽车空调的蒸发器和暖风系统布置

项目四　汽车空调制冷系统的组成及工作原理

一、汽车空调制冷系统的组成

汽车空调制冷系统主要由压缩机、冷凝器、储液干燥器、膨胀阀、蒸发器、导管与软管、压力开关等组成，如图 2-13 所示。

第二章　汽车空调系统的组成及工作原理

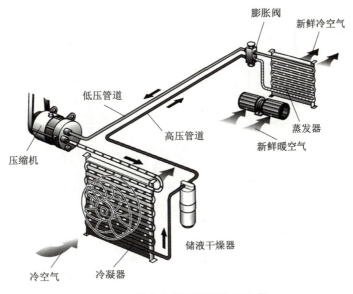

图 2-13　汽车空调制冷系统的组成

二、汽车空调制冷系统的工作原理

汽车空调制冷系统各制冷部件之间用耐压的铜管或铝管以及耐压耐氟的橡胶管连接成一个密闭的循环系统。汽车空调制冷系统可分为膨胀阀制冷系统（图 2-14）和孔管制冷系统（图 2-15）。

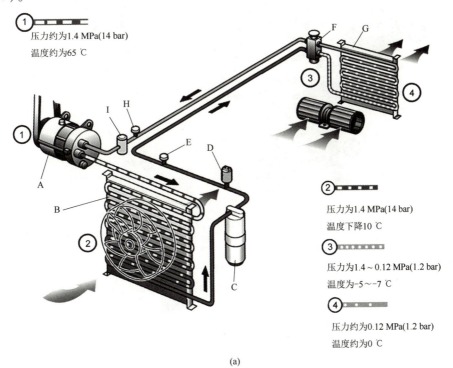

(a)

图 2-14　带膨胀阀的空调系统

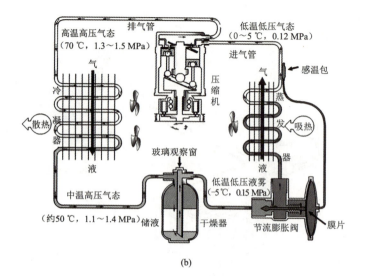

图 2-14 带膨胀阀的空调系统（续）

(a) 汽车空调制冷系统的结构；(b) 工作原理

A—电磁离合器的压缩机；B—冷凝器；C—带干燥器的容器；D—高压开关；
E—高压维修接头；F—膨胀阀；G—蒸发器；H—低压维修接头；I—缓冲器（随车型不同）

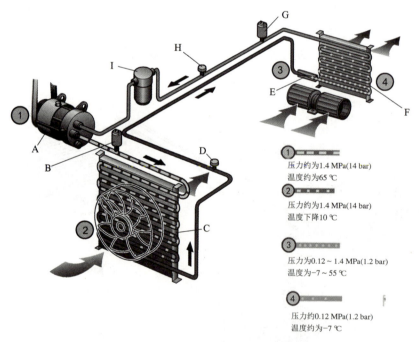

图 2-15 孔管制冷系统的结构和工作原理

A—电磁离合器的压缩机；B—高压开关；C—冷凝器；D—高压维修接头；E—节流阀；F—蒸发器；
G—低压开关；H—低压维修接头；I—积液器（随车型不同）

汽车空调制冷系统的工作原理如下，制冷循环是由压缩、冷凝、膨胀和蒸发四个过程组成的。

(1) 压缩过程：压缩机从蒸发器吸入低温低压气态制冷剂，并将其压缩成高温（约65 ℃）高压（约1.4 MPa）气态制冷剂送往冷凝器中冷却降温。

(2) 冷凝过程：高温高压气态制冷剂由发动机水箱前面的冷凝器（散热器）散热，将其冷凝成高温（约55 ℃）高压（约1.4 MPa）液态制冷剂。

(3) 膨胀过程：冷凝后的高温高压液态制冷剂经热力膨胀阀节流降压后，转变成低温（-5～-7 ℃）低压（约0.12 MPa）的液态制冷剂送入蒸发器。

(4) 蒸发过程：低温低压液态制冷剂流经蒸发器时，不断吸收车内空气的热量而汽化成低温（约为0 ℃）低压（约0.12 MPa）气态制冷剂。从蒸发器流出的气态制冷剂又被压缩机吸入而进入下一次制冷循环。

三、膨胀阀制冷系统和节流管制冷系统的比较

如表2-2所示，在这两种制冷系统中，除了节流装置不同以外，另一个特点就是干燥瓶和积液器的安装位置不同。

表2-2　膨胀阀和节流管制冷系统的比较

制冷系统类型	特点	图示
膨胀阀制冷系统	使用膨胀阀进行节流控制	
节流管制冷系统	使用节流管进行节流控制	

（1）在膨胀阀制冷系统中，干燥瓶安装在高压一侧的冷凝器之后、膨胀阀之前，通常称为储液干燥器，用以保证将无气体的制冷液供给节流装置。

（2）在节流管制冷系统中，干燥瓶安装在低压一侧的蒸发器之后、压缩机进口之前，一般叫作集液干燥器（也称为积累器），它确保无液态制冷剂返回压缩机。储液干燥器与集液干燥器在结构上有较大差别，绝不可以装错。

思考与练习

一、填空题

1. 汽车空调制冷系统由下面几部分组成：_____、_____、_____、_____和鼓风机等。
2. 汽车空调制冷系统的工作原理有_____、_____、_____、_____四个过程。
3. 冷冻润滑油的作用：_____、_____、_____和_____。

二、选择题

1. 担任压缩机动力分离与接合任务的组件为（　　）。
   A. 电磁容电器　　B. 电磁离合器　　C. 液力变矩器　　D. 单向离合器
2. （　　）的作用是把来自压缩机的高温高压气体通过管壁和翅片将其中的热量传递给周围的空气，从而使高温高压的气态制冷剂冷凝成高温中压的液体。
   A. 冷凝器　　B. 蒸发器　　C. 电磁离合器　　D. 贮液干燥器
3. 汽车空调（　　）置于车内，属于直接风冷式结构，它利用低温低压的液态制冷剂蒸发时需吸收大量热量的原理，把通过它周围的空气的热量带走，变成冷空气送入车厢内，从而达到车内降温的目的。
   A. 冷凝器　　B. 蒸发器　　C. 电磁离合器　　D. 储液干燥器
4. 由压缩机压出的刚进入冷凝器中的制冷剂为（　　）。
   A. 高温高压气态　B. 高温高压液态　C. 中温高压液态　D. 低压气态
5. 冷凝器中，经过风扇和空气冷却，制冷剂变为（　　）。
   A. 高温高压气态　　　　　　B. 高温高压液态
   C. 中温高压液态　　　　　　D. 低压气态
6. 蒸发器中制冷剂为（　　）。
   A. 高压气态　　B. 高压液态　　C. 低压液态　　D. 低压气态
7. 膨胀阀的安装位置是在（　　）。
   A. 冷凝器入口　　B. 蒸发器入口　　C. 储液干燥器入口　D. 压缩机入口
8. 节流管的安装位置是在（　　）。
   A. 冷凝器入口　　B. 蒸发器入口　　C. 集液器入口　　D. 压缩机出口

9. 内平衡式膨胀阀，膜片下的平衡压力是从（　　）处导入。
   A. 冷凝器入口　　B. 蒸发器入口　　C. 冷凝器出口　　D. 蒸发器出口
10. 外平衡式膨胀阀，膜片下的平衡压力是从（　　）处导入的。
    A. 冷凝器入口　　B. 蒸发器入口　　C. 冷凝器出口　　D. 蒸发器出口
11. 干燥剂的作用是（　　）制冷剂。
    A. 过滤　　　　　B. 滤清　　　　　C. 干燥　　　　　D. 节流
12. 储液干燥器安装的倾斜角小于（　　）。
    A. 15°　　　　　B. 30°　　　　　C. 45°　　　　　D. 60°
13. 当制冷工质温度升到（　　）时，储液干燥器上的易熔塞上的易熔合金熔化，制冷剂逸出，避免了系统中其他部件的损坏。
    A. 80 ℃　　　　B. 95～100 ℃　　C. 105～110 ℃　　D. 110～130 ℃
14. 装有集液器的空调系统集液器安装在（　　）。
    A. 压缩机入口　　B. 压缩机出口处　　C. 蒸发器入口处
15. 集液器的主要功能是（　　）。
    A. 防止液态制冷剂液击压缩机　　B. 储存冷冻油　　C. 消声

三、简答题

1. 冷冻机油的要求有哪些？
2. 简述空调制冷系统的工作过程。

第三章 汽车空调制冷系统的主要部件

项目一 压缩机

一、压缩机的功用

压缩机俗称空调泵,是汽车自动空调系统的主要部件之一,是空调制冷系统的心脏,也是制冷系统中低压和高压、低温和高温的转换装置。其作用是使制冷剂保持循环。压缩机的吸气侧抽吸制冷剂蒸气,然后制冷剂流经压缩机的出口或排放侧,对其加压(温度也随之升高)。高压、高温的制冷剂被压出压缩机而流入冷凝器。压缩机有两个重要功能:一是使系统内产生低压条件,二是使制冷剂循环,把制冷剂蒸气从低压压缩至高压,两种功能同时完成。压缩机实物如图3-1所示。

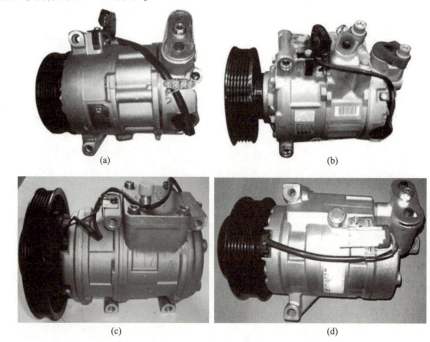

图3-1 压缩机实物

(a)别克君越;(b)奥迪;(c)本田雅阁;(d)雪佛兰科鲁兹

对压缩机结构和性能上的特殊要求如下：
①制冷能力要强。
②节省能量。
③体积和质量小。
④在高温和颠振的情况下能正常工作。
⑤起动运转平稳，噪声低，工作可靠。

二、常见的压缩机分类

目前应用在汽车空调上的压缩机种类繁多，按照压缩机排量是否可变分为不可变排量和可变排量两种，按照压缩机内部工作方式的不同可分为往复式和旋转式两种。常见的往复式压缩机有曲轴连杆式和轴向活塞式，常见的旋转式压缩机有旋转叶片式和涡旋式。本书主要介绍曲轴连杆式压缩机（并列双缸、V形双缸）、斜盘式压缩机、翘板式压缩机和斜盘式可变排量压缩机等。

1. 曲轴连杆式压缩机

曲轴连杆式压缩机为第一代空调压缩机，其结构类似于发动机的结构。如图3-2所示，根据气缸的分布位置，可分为直列式、V形、W形、S形（不常见）。根据气缸数量，可分为2、4、6、8缸。曲轴连杆式压缩机主要由气缸、活塞、连杆、曲轴、排气阀、吸气阀和曲轴箱等组成。

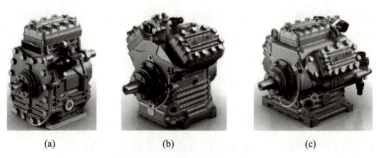

图3-2 曲轴连杆式压缩机
(a) 直列式；(b) V形；(c) W形

曲轴连杆式压缩机的工作原理如图3-3所示。

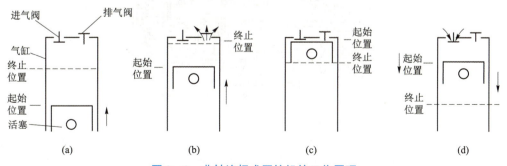

图3-3 曲轴连杆式压缩机的工作原理
(a) 压缩过程；(b) 排气过程；(c) 膨胀过程；(d) 吸气过程

压缩过程：活塞由下止点向上止点运行到中部位置的过程中，进气阀、排气阀关闭，制冷剂气体被压缩。

排气过程：活塞继续向上运行，排气阀打开，进气阀关闭，压缩气体排除，活塞到达上止点，排气阀也关闭。

膨胀过程：活塞由上止点向下止点运行，进气阀、排气阀关闭，气缸容积扩大产生真空度，到达中部位置。

吸气过程：活塞继续向下运行，进气阀打开，排气阀关闭，低温低压制冷剂气体吸入气缸，到达下止点结束。

曲轴连杆式压缩机的优点是：制造技术成熟，结构简单，对零部件加工要求相对较低，制造成本较低；缺点是：因结构限制，零部件大而重，不宜做到轻量化，不能实现高转速运转，因此，此压缩机只应用在客车领域。小排量压缩机已不再采用该结构。

2. 斜盘式压缩机

斜盘式压缩机又称为回转斜盘式压缩机或双向斜盘式压缩机。斜盘式压缩机采用往复式双头活塞，依靠斜盘的旋转运动，使双头活塞获得轴向的往复运动。所以，斜盘式压缩机的缸数都是双数，各气缸沿圆周按轴向前后成对地均匀布置，各气缸均装有进、排气阀，各气缸的进气腔和排气腔分别通过管路连通。

1）结构组成

斜盘式压缩机由主轴、压板、前阀板、后阀板、斜板、活塞、前气缸盖、后气缸盖、钢球及钢球套等组成（图3-4）。它的斜板固定在主轴上，钢球用滑靴和活塞的连接架固定。钢球的作用是使斜板的旋转运动经钢球转换为活塞的直线运动时，由滑动变为滚动。这样可减少摩擦阻力和磨损，以及延长滑板的使用寿命。如今斜板和滑靴都以耐磨质轻的高硅铝合金材料替换了当初使用的铸铁材料，活塞也用硅铝合金。这样既提高了压缩机运动机件的质量，又可提高压缩机的转速。由于斜盘式压缩机的活塞双向作用，在它的两边都装有前、后阀总成，各总成上都装有吸气簧片和排气簧母片，且前、后气缸盖上有各自相通的吸气腔和排气腔，吸、排气缸用阀垫隔开。目前，斜盘式压缩机应用最广泛。

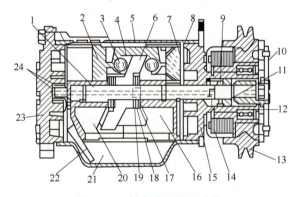

图3-4 斜盘式压缩机结构

1—压缩机轴；2—活塞；3—钢球；4—支承盘；5—外壳；6—旋转斜盘；7—吸簧；8—外放泄阀板；9—油封；10—离合板及毂；11—密封座；12—滑动轴承；13—带轮；14—电磁离合器线圈及外壳；15—前端盖；16—气缸前半部；17，19—推力座圈；18—推力轴承；20—气缸后半部；21—油池；22—吸油管；23—后端盖；24—油泵齿轮

2）工作原理

如图 3-5 所示，主轴旋转，斜盘转动，带动活塞上下往复运动，完成压缩气体工作。当主轴带动斜盘转动时，斜盘便驱动活塞做轴向移动，由于活塞在前后布置的气缸中同时做轴向运动，这相当于两个活塞在做双向运动。即前缸活塞向左移动时，排气阀片关闭，余隙容积的气体首先膨胀；在缸内压力略小于吸气腔压力时，吸气阀片打开，低压蒸气进入气缸开始了吸气过程，一直到活塞向左移动到终点为止。当后缸活塞向左移动时，开始压缩过程，蒸气不断被压缩，压力和温度不断上升；当压缩蒸气的压力略大于排气腔压力时，排气阀片打开，转到排气过程，直至活塞移动到左边为止。斜盘每转动一周，前后两个活塞各自完成吸气、压缩、排气和膨胀过程，完成一个循环，相当于两个工作气缸。这意味着缸体截面均布三个气缸和三个双向活塞时，每当主轴旋转一周，相当于有六个工作气缸。所以称这种三缸、三个双向活塞布置的压缩机为斜盘式六缸压缩机。

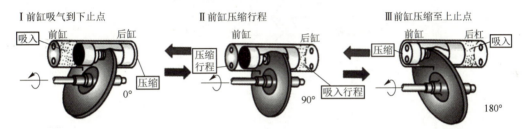

图 3-5 斜盘式压缩机的工作过程

3. 翘板式压缩机

翘板式压缩机又称为擦板式压缩机、摇摆斜盘式压缩机或单向斜盘式压缩机，其最大的优点是工作平稳、结构紧凑和体积小，适合在空间狭小的车厢内使用。其材料为铝合金，以减轻汽车自重。翘板式压缩机如图 3-6 所示。

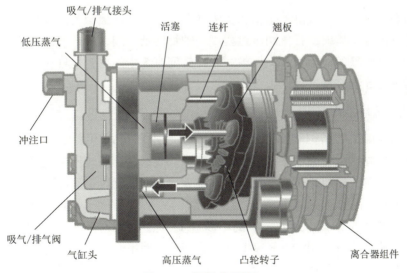

图 3-6 翘板式压缩机

其工作原理如图 3-7 和图 3-8 所示。各气缸以压缩机轴线为中心布置，气缸和输入轴的轴线方向相互平行，活塞和翘板用连杆和球形万向节相连，以协调活塞与翘板的运动，翘板齿轮中心用一钢球定位，并用一对齿轮限制翘板只能左右摆动而不能转动。由于斜盘与翘板的接触面为斜面，所以当压缩机工作时，主轴带动斜盘一起转动，翘板则以定位支承钢球为中心做摇摆运动，翘板和传动板之间的摩擦力使翘板具有转动的趋势，但是这种趋势被一对圆锥齿轮所限制，使得翘板只能左右移动，并通过连杆带动活塞在气缸内做往复直线运动。翘板的气缸上也装有进、排气阀，随活塞在气缸内的往复运动，依次进行吸气和压缩行程。

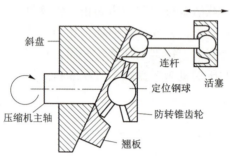

图 3-7 翘板式压缩机工作原理（一）

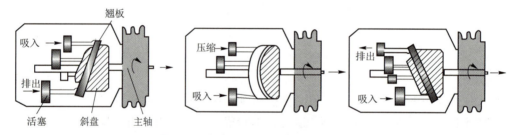

图 3-8 翘板式压缩机工作原理（二）

当活塞向右运动时，该气缸处于膨胀、吸气两个过程，而摇板另一端的活塞做反向的向左移动，使该气缸处于压缩、排气两个过程。主轴每转动一周，一个气缸便要完成上述的压缩、排气、膨胀和吸气的一个循环。一般一个摇板配有 5 个活塞，这样相应的 5 个气缸在主轴转动一周时就有 5 次排气过程。

4. 斜盘式可变排量压缩机

通过斜盘式压缩机的结构和原理不难发现，如果把斜盘式压缩机的主轴和斜盘角度改变，回转斜盘式压缩机就变成了变排量空调压缩机。变排量摇板式压缩机可以无级自动调节能量输出，结构简单，相应地，空调的舒适性得到提高，能耗也得到降低。

第二代轴向型压缩机（摇盘式和斜盘式压缩机）一直是汽车空调压缩机的主导产品，约占所有压缩机产品的 70%。随着技术的不断进步，轴向型压缩机不但可以做到小型轻量化，而且最高转速可达 10 000 r/min 以上。特别是轴向型压缩机率先实现了无级可变排量控制，受到汽车制造商的欢迎，现在新生产的乘用车已全部采用斜盘变排量无级控制的压缩机。

变排量空调压缩机能够实现自行调节最关键的控制部件是位于压缩机尾端的控制阀或阀

组,它通过感受压缩机进、出口端的压力来控制作用在摇板上活塞后部的压力,从而实现控制摇板角度和活塞行程,达到控制改变压缩机的输出排量,这种控制是一种动态平衡控制。

当空调系统被启动后,只要制冷剂的压力处于工作范围之内,空调压缩机就在控制阀的控制下不断调整排量使之与压缩机吸入制冷剂热负载平衡,使得整个压缩机的工作过程顺畅圆滑,不存在周期性变化的工作循环。发动机也不会因为电磁离合器的周期性离合接触而不断地调整发动机转速,这一点大大提高了制冷系统的除湿能力,对提高发动机的燃油经济性和乘坐舒适性等都十分有利。

在实际构造上,可变排量控制阀本身与可变斜盘之间没有直接的机械联系,真正造成斜盘角度变化的是由于加在所有活塞上制冷剂不同状态压力的动态平衡。当压缩机主轴高速旋转时,所有活塞的工作状态是不一致的,有的处于吸气行程,有的处于排气行程或者压缩行程。吸气行程的活塞运动造成了活塞顶部的曲轴箱吸入压力较低,反之压缩和排气行程的活塞运动造成了其顶部的曲轴箱供给压力明显升高。所有活塞的连杆被均匀地铰接在斜盘周边上,所有活塞顶部受到作用力的合力是促使斜盘改变其倾斜角度的真正动力。在加在蒸发器上的热负载发生变化的情况下,可变排量控制阀芯的移动促使曲轴箱的供给压力和吸入压力之间发生一系列连续平衡。平衡的结果使得所有活塞所受到的合力通过连杆组传送到与之铰接的斜盘上,于是斜盘在力的作用下就产生了角度倾斜变化,这种变化反过来又促使活塞产生有效工作行程,造成压缩机的排量变化。总之,只要曲轴箱吸入压力和供给压力的压差略有变化,就足以产生一个力推动斜盘的倾斜角度发生变化。

1) 压力调节式变排量压缩机

压力调节式变排量压缩机(图3-9)的旋转运动由输入轴传递给驱动连杆机构,驱动连杆机构通过斜盘将旋转运动转换成5个连杆的轴向运动。滑轨保证斜盘沿轴向运动。这种压缩机活塞的工作行程可以根据高、低压压力比率而改变。活塞行程的改变直接影响压缩机的压缩比率,从而调节制冷剂的输出功率并改变制冷效率。在正常工作情况下,压缩机是持续运转的,不发生离合动作。

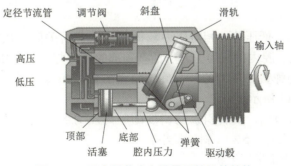

图3-9 压力调节式变排量压缩机的结构

旋转斜盘的倾斜度决定了活塞的行程。旋转斜盘的倾斜度取决于腔内压力、活塞顶部和底部的压力以及斜盘前后的弹簧力。腔内的压力取决于调节阀两侧的高低压力和节流管道的大小。

(1) 汽车空调接通。刚接通汽车空调时,高、低压及腔内的压力是相等的,旋转斜盘前后弹簧对斜盘的调节范围为40%。此时压缩机开始的输出功率为40%,即以较小的输出功率工作，以减小对发动机的冲击负荷。

（2）高制冷率。高、低压管的相对压力较高时，调节阀打开，从背流管流入的高压经调节阀流回低压端，腔内的压力下降。活塞顶部的压力与弹簧1压力的和大于活塞底部的压力（腔内压力）与弹簧2压力的和，旋转斜盘的倾斜角度增大，活塞的行程增大，输出功率提高，如图3-10所示。

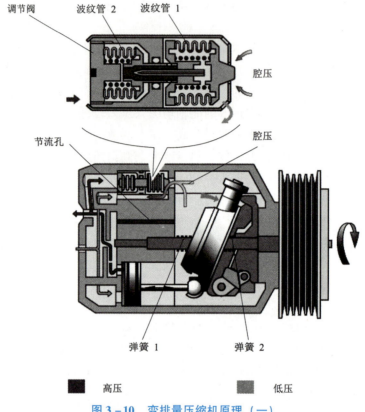

图 3-10 变排量压缩机原理（一）

（3）低制冷率。高、低压管的相对压力较低时，调节阀关闭，从节流管流入的高压无法经调节阀流回低压端，腔内的压力上升。活塞顶部的压力与弹簧1压力的和小于活塞底部的压力（腔内压力）与弹簧2压力的和，旋转斜盘的倾斜角度减小，活塞的行程减小，输出功率降低，如图3-11所示。

（4）压缩机的调节范围。旋转斜盘的斜度随腔内压力的改变而改变，其对功率的调节范围为100%（斜度最大）~5%（斜度最小）。

2）电磁阀调节式变排量压缩机

电磁阀调节式变排量压缩机也是旋转斜盘式压缩机。图3-12所示的电磁阀调节式变排量压缩机共有10个气缸，通过可变排量机构，可使压缩机在10个气缸上同时运转（100%功率输出），也可使压缩机在5个气缸上运转（50%功率输出）。

（1）在100%功率输出的运作下，电磁阀的电源不接通，电磁阀在弹簧力的作用下关闭b孔，打开a孔。高压气体经过a孔，推柱塞关闭排出阀，后部的5个气缸参与工作，其产生的压力推开单向阀，与前部的5个气缸产生的压力一起流向冷凝器，实现100%的功率输出，如图3-13所示。

30

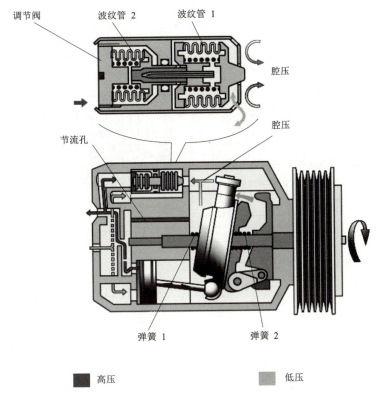

图 3-11　变排量压缩机原理（二）

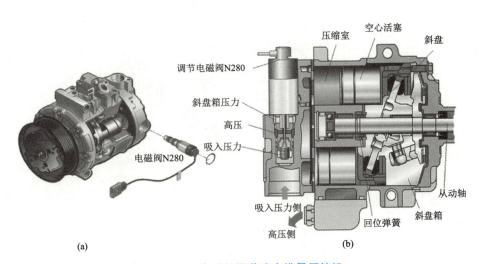

图 3-12　电磁阀调节式变排量压缩机
（a）外控斜盘式可变排量压缩机；（b）外控斜盘式可变排量压缩机结构

（2）在 50% 功率输出的运作下，电磁阀的电源接通，电磁阀克服弹簧力的作用，关闭 a 孔，打开 b 孔。高压气体无法经过 a 孔，推柱塞后部的压力降低，在弹簧力的作用下柱塞右移，排出阀打开，后部的 5 个气缸不产生高压，只有前部的 5 个气缸继续产生高压气体。单向阀在压力差的作用下下移，防止前部的高压回流，实现 50% 的功率输出，如图 3-14 所示。

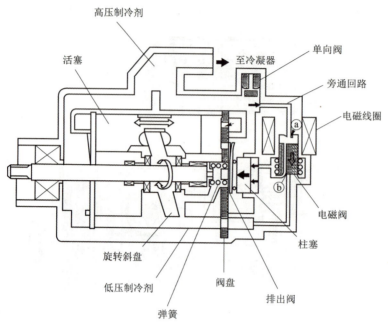

图 3-13　100%功率输出

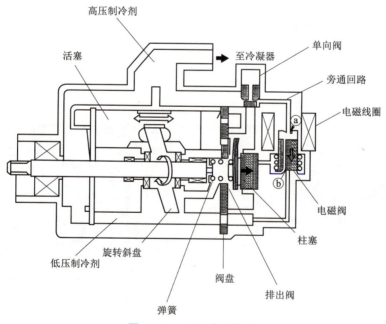

图 3-14　50%功率输出

电磁阀调节式变排量压缩机的控制方式有两种：一种是根据冷却液的温度进行控制；另一种是根据蒸发器温度进行控制。

（1）根据冷却液的温度进行控制。此种方式利用温度传感器或温度控制开关的温度信号，由压缩机放大器或空调控制单元根据不同的温度控制压缩机在满负荷和半负荷之间切换，减少发动机负荷，防止发动机过热。

（2）根据蒸发器的温度进行控制。此种控制方式根据空调工作模式的不同可选择 A/C（正常空调）方式和 ECON（节能）方式，空调控制单元根据不同的温度控制压缩机在满负荷和半负荷之间切换，以减少压缩机功率损失。

斜盘式可变排量压缩机皮带轮的工作原理如图 3-15 所示。

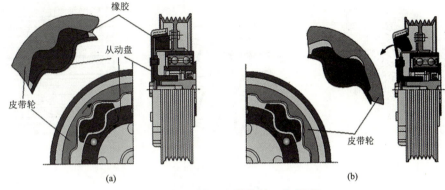

图 3-15　压缩机皮带轮的工作原理
（a）压缩机正常工作；（b）压缩机抱死

项目二　冷凝器

一、冷凝器的作用

冷凝器的功用是将空调压缩机送来的高温高压气态制冷剂中的热量散发到车外，使制冷剂冷凝成高温高压液体再进入储液干燥器。气体状态的制冷剂在冷凝器中得到液化或冷凝，制冷剂进入冷凝器时几乎为 100% 的蒸气，而当其离开冷凝器时并非为 100% 的液体，因为仅有一定量的热能在给定时间内由冷凝器排出。因此，少量制冷剂以气态方式离开冷凝器，但由于下一步是进入储液干燥器，故制冷剂的这种状态并不影响系统的运行。

冷凝器直接安装在散热器的前方，如图 3-16 所示，这样冷凝器可以接收汽车向前行驶和发动机风扇产生的充分气流。

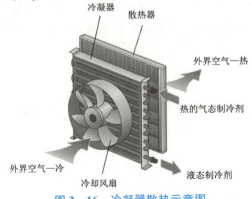

图 3-16　冷凝器散热示意图

二、冷凝器的类型

冷凝器的类型主要有管片式、管带式和平行流式三种，如图 3-17 所示。

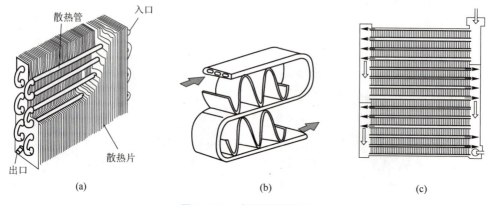

图 3-17　冷凝器的类型
（a）管片式；（b）管带式；（c）平行流式

1. 管片式冷凝器

管片式冷凝器由安装在一系列薄散热片上的制冷剂螺旋管组成。冷凝器接收来自压缩机的高温高压制冷剂蒸气，蒸气制冷剂从冷凝器顶部流入并流过螺旋管。按热的自然趋向从热制冷剂顶部流入并流过螺旋管，热制冷剂蒸气中的热量经散热片向大气中散发热量。当制冷剂蒸气冷却并经过冷凝器向下流动时，就会达到足够使其发生冷凝的温度，气态制冷剂即变为液态制冷剂。在冷疑点时，制冷剂释放出更多的热量。冷凝器底部的制冷剂是温的高压液体。在以平均热负荷运行的汽车空调系统中，冷凝器螺旋管上部的 2/3 为热的制冷剂蒸气，而下部 1/3 部分为液态制冷剂。

2. 管带式冷凝器

管带式冷凝器一般是将小扁管弯成蛇管形，其中放置三角形的翅片或其他类型的散热片。这种冷凝器目前普遍用在小型汽车上。它采用一整根扁形管，弯成蛇形，管内用隔筋隔成若干个孔道，管外用厚度为 0.2 mm 的铝片焊在上下两管外皮处，将铝片折成皱纹状以增大散热面积。其特点是结构紧凑（单管多孔），质量小（全部为铝质），可靠性高（不用多处弯头焊接），但其管内制冷剂流动阻力要高于管片式冷凝器。这种冷凝器的传热效率比管片式冷凝器高 15%~20%。

3. 平行流式冷凝器

平行流式冷凝器由圆筒集管、铝制内肋管、波形散热翅片以及连接管组成，是专为 R-134a 提供的新型冷凝器。平行流式冷凝器与管带式冷凝器最大的区别是：管带式冷凝器只有一条扁管自始至终地呈蛇形弯曲，制冷剂只能在这一条通道中流动而进行热交换；平行流式冷凝器则是在两条集流管间用多条扁管相连，制冷剂可在同一时间经多条扁管流通进行热交换，大幅提高了它的热交换性能。

项目三　储液干燥器

一、储液干燥器的功用

储液干燥器全称为储液干燥过滤器，一般是密封焊死的钢质或铝质压力容器，通常不能拆装，修理工常称其为干燥罐，里面放有干燥剂和过滤网。从冷凝器来的高压液态制冷剂从上部进入罐中，经过滤干燥后，从底部（液体制冷剂区域）由引管排出至膨胀阀。有些储液干燥器顶部安装有观察窗，可观察制冷剂流动情况及制冷剂的量。储液干燥器及安装位置如图 3-18 所示。

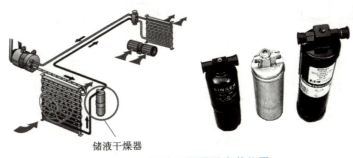

图 3-18　储液干燥器及安装位置

1. 储液干燥器的作用

储液干燥器安装在冷凝器与膨胀阀之间，其作用包括：

（1）储存制冷剂。储液干燥器可以暂时储存一部分制冷剂，使气液分离，保证制冷循环连续稳定地进行。

（2）过滤水分、杂质。储液干燥器能过滤水分和杂质，防止制冷系统发生冰堵。

（3）防止气态制冷剂进入蒸发器。储液干燥器的位置和设计结构可防止气态制冷剂进入蒸发器。

（4）提供缓冲空间。还提供了系统内液态制冷剂的缓冲空间，能及时调整和补充供给恒温膨胀阀的制冷剂流量，以保证系统内制冷剂流动的连续性和稳定性。

2. 储液干燥器的结构组成

储液干燥器接收冷凝器排出的制冷剂。它装在冷凝器周围或其与膨胀阀之前，由储液干燥剂、过滤器、引出管和观察窗玻璃等构成，有些还安装有保护压力开关和易熔塞，易熔塞也称为熔化螺栓。当压力和温度升至约 3 MPa、温度达到 95~100 ℃时，易熔塞中的焊剂熔化。储液干燥器的结构如图 3-19 所示。

储液干燥器的安装及注意事项：

安装立式储液干燥器时，其与立面的倾斜角度不得大于 15°，进口应和冷凝器出口相连通。储液干燥器进口处通常打有标记，安装时一定要记住，制冷剂是从储液干燥器下部流入膨胀阀进口的,若接反了储液干燥器,将导致制冷量不足。储液干燥器内干燥剂失效时,湿气会集聚在膨胀阀孔口,结成冰块,使系统发生堵塞,此时必须更换储液干燥器。如果储液干燥器的出液口残破,液体管路内会发生不正常的气体发散。

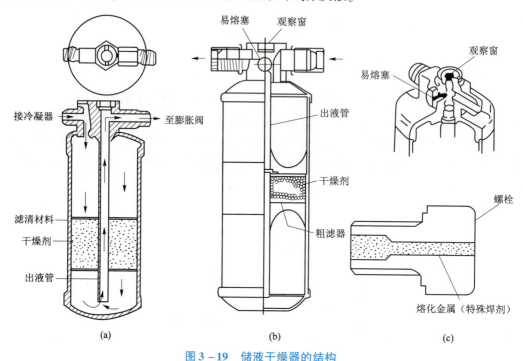

图 3－19 储液干燥器的结构

（a）储液干燥器工作情况；（b）储液干燥器的结构；（c）易熔塞

二、液气分离器

液气分离器也称积累器、集液器、吸气储液器,如图 3－20 所示。在孔管系统 CCOT 中,利用一个储液罐装置来完成储液干燥器的功能。储液罐安装在蒸发器出气口处低压侧内。储液罐的功能基本与储液干燥器相同,即对制冷剂进行收集和存储、滤清和干燥。储液罐内也装有干燥剂。

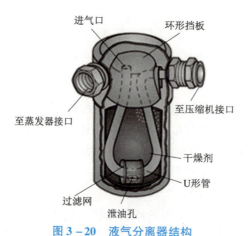

图 3－20 液气分离器结构

集液器的主要功能是防止液态制冷剂液击压缩机。

低压侧的压力控制器，如循环离合器系统控制蒸发器温度的压力开关，常装在集液器上。

工作原理：系统工作时，制冷剂进入容器中，液态的沉入容器底部，气态的从顶部被吸回压缩机中。容器底部有小孔允许少量液态制冷剂与润滑油进入压缩机，因量小故不会产生液击，润滑油则保证了压缩机的润滑冷却需要。因为要容纳较多的气态制冷剂，此容器做得较大。它要与孔管配套使用，故此系统无膨胀阀，且已具有过滤干燥功能，亦不必有储液干燥器。

当压缩机停止工作后，孔管不能关死，孔管两端高低压力平衡迅速，压缩机重新起动时负荷小，起动容易，这是此种系统节能的主要原因，但易有液击产生。而气液分离罐将液态制冷剂储存起来，阻止其回到压缩机内，从而防止了液击。出于对节能的考虑，许多高级轿车都采用这种系统，打开这类车的机盖，一眼便可看到安装在回气管上的这个大黑罐。见到这个大黑罐便知道此车空调系统是孔管节流系统。

在奥迪100、桑塔纳2000等车型中，在压缩机出口处管路中装有一不大的金属长筒状小罐，此为消声器，用以降低压缩机的高压噪声，与储液干燥器不是一类器件。

项目四　膨胀阀

一、膨胀阀的安装位置及作用

膨胀阀（图3-21）安装在蒸发器入口管路上，它是一种感压和感温自动阀（小型空调只起感温作用），用以帮助产生压力变化（高压—低压）；根据蒸发器出口处气态制冷剂的温度状态，调整和控制喷入蒸发器中的液态制冷剂的量。

图3-21　膨胀阀

储液干燥器排出的制冷剂作为高压液体流入膨胀阀。当这种高压液体流经膨胀阀的节流孔时，制冷剂被强制流过此小孔并在另一侧喷出。这样就产生了一个压力差，由此，压力和温度得到降低而且雾化的制冷剂可流过蒸发器并且容易汽化。

膨胀阀的作用包括：

（1）节流降压作用。即将来自储液干燥器的高温高压液态制冷剂变成低温低压液态制冷剂，保证制冷剂在蒸发器内蒸发汽化吸热，以降低车内空气温度。

（2）调节流量作用。即调节制冷剂流入蒸发器的流量，使制冷剂流量适应制冷负荷变化的需求，避免压缩机因为发生液击和蒸发器蒸发不足而出现冷气不足的现象。

（3）控制作用。控制压缩机湿度，以防止因压缩机异常而导致过热；压缩机停机时快速平衡系统高低压力。当空调系统设置的温度和感应包感应的温度相等时，膨胀阀上下的压力是相等的，系统处于平衡状态。

二、膨胀阀的类型

汽车空调制冷系统常用的热力膨胀阀有内平衡式膨胀阀、外平衡式膨胀阀、H形膨胀阀三种。H形膨胀阀因结构紧凑、工作可靠，被现代汽车普遍采用。

1. 内平衡式膨胀阀

内平衡式膨胀阀如图 3-22 所示。内平衡式膨胀阀有感温包，其内装有惰性液体或制冷剂液体，固定在回气管路上。当蒸发器出口温度较高时，感温包内的液体温度随之上升，从而压力也增高。高压作用在膜片上侧，当数值大于蒸发器进入压力和过热弹簧压力总和时，针阀离开阀座，阀门开启，制冷剂流入蒸发器。针阀开启后，较多的制冷剂进入蒸发器，蒸发器内压力上升，回气温度降低，膜片下侧压力增加，上侧压力降低，阀门关闭。由于膜片上、下侧压力经常处于不平衡状态，所以阀门不断地进行开启、闭合的循环。

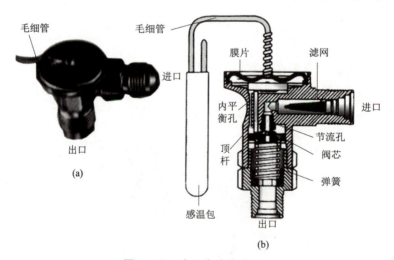

图 3-22 内平衡式膨胀阀

（a）实物；（b）工作原理

2. 外平衡式膨胀阀

外平衡式膨胀阀如图 3-23 所示。其结构和部件与内平衡式相似，只是向上施于膜片的压力是由一外平衡管从蒸发器出口处引入的，这样就弥补了由蒸发器入口至出口端内部压力产生的影响造成的损失,可加大阀芯调节范围和准确度,缩小过热气体所占通道空间,从而提高蒸发器的制冷量。外平衡式膨胀阀适用于制冷量较大、蒸发器通道较长、压力损失大的制冷系统,如大中型客车、旅行轿车等。内平衡式膨胀阀则多用于经济型轿车和货车等。膨胀阀的调节螺钉分为外调式和内调式两种。内调式的已在出厂时调整好,不应随意调整;外调式则需要由经验丰富的维修人员调定。

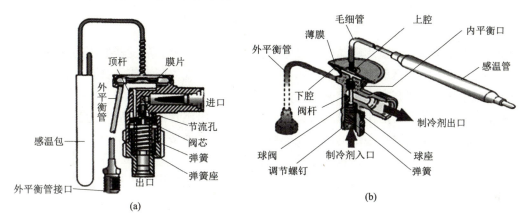

图 3-23　外平衡式膨胀阀
（a）结构；（b）工作原理

3. H 形膨胀阀

H 形膨胀阀也称为整体型膨胀阀,其外观为长方体,因其内部通路形同 H 而得名,如图 3-24 所示。H 形膨胀阀具有以下优点:

(1) 结构紧凑,没有需要绝热处理的毛细管和感温包。
(2) 蒸发器内蒸气温度可直接作用于感温包。
(3) 维修简单,因是片状结构,有利于钳工作业。
(4) 运行故障少,有利于系统的清理。

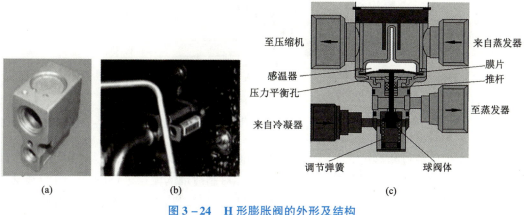

图 3-24　H 形膨胀阀的外形及结构
（a）实物；（b）安装位置；（c）工作原理

这种膨胀阀安装在蒸发器进气管与回气管之间，使温度传感器直接置于蒸发器出口处制冷剂中，反应快捷，不受环境及感温包位移、接触不实（内、外平衡式膨胀阀的缺点）的影响。有的制造商将恒温器、高低压开关与 H 形膨胀阀装在一起，更显得结构紧凑。国产北京吉普（切诺基）、奔驰 230E 汽车、广州标致、桑塔纳 2000GSI 轿车都采用了 H 形膨胀阀。

三、膨胀阀的工作原理

膨胀阀的针阀是通过膜片联动的，膜片的控制因素有三个：蒸发器的压力使阀关闭；弹簧压力使阀关闭；膜片顶部通过毛细管来自热敏管的惰性气体压力使阀打开。这三种力的合力使膨胀阀打开一定的开度，以控制制冷剂流量。

热敏管固定在蒸发器的出口或尾管处。热敏管感应出尾管的温度后，通过毛细管作用于阀中的膜片。当作用在膜片顶部的压力比蒸发器的压力与弹簧压力的组合还大时，针阀从阀座移开，直至压力达到平衡，适量的制冷剂以此方式流入蒸发器芯中。

尾管处的温度上升时，热敏管中的膨胀气体通过毛细管作用在膜片上的压力增加，膜片接着又迫使推杆向下推动阀销和针阀，使更多的制冷剂进入蒸发器。

尾管处的温度下降时，热敏管和膜片上的压力降低，从而使针阀就座，流入蒸发器的制冷剂量受到限制。

四、节流管

膨胀阀的另一种形式是节流管，也称细管，用于孔管系统上，孔管式节流装置是一种阻尼元件，外观为一管形件。它没有感温包和平衡管，只有一个小孔节流元件和一个网状过滤器，左侧为高压，右侧为低压，如图 3-25 所示。

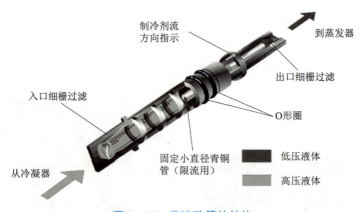

图 3-25 节流孔管的结构

制冷剂由进口经过滤器过滤，再经节流孔降低高压制冷剂液体压力，最后经过滤器流入蒸发器。由于制冷剂经过此装置时只能节流而不能对制冷剂的流量进行调节，故当蒸发器的温度降到一定值后，可由恒温器对离合器进行通断的控制，从而调节制冷剂的流通。也有用防霜压力开关对离合器通断进行控制的，这种孔管静态节流与离合器通断控制相结合的形式称为孔管节流（CCOT）系统。它一般用在隔热性能好且车内负荷变化不大的轿车上。与膨胀阀相比，其既节能又可靠，且结构简单，价格便宜，被通用、福特、丰田、大众等汽车公司普遍采用。

项目五　蒸发器

一、蒸发器的安装位置及功用

汽车空调蒸发器属于直接风冷式结构，是制冷系统中的重要部件之一。如图3-26所示，蒸发器位于汽车中控仪表台内侧，安装在热力膨胀阀高压通道出口与低压通道入口之间，其功用是产生冷气和降温除湿。

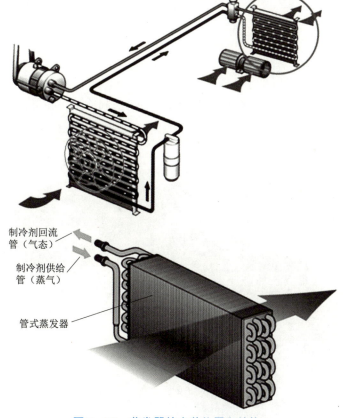

图3-26　蒸发器的安装位置和结构

制冷系统工作时，来自膨胀阀的低压雾状制冷剂通过蒸发器时，吸收蒸发器周围空气的热量，从而达到降低车内温度的目的，同时低压雾状制冷剂变为低压气态制冷剂，并回到压缩机中。

车内的湿热空气通过蒸发器时碰到冰冷管心和散热片，空气骤冷，湿气凝结成露水并沿导流管排出车外。干冷空气经鼓风机作用循环于车内,蒸发器空气进口处装有过滤器,可净化车内空气,使车厢内的空气舒适宜人,最终体现了汽车空调的制冷作用。

二、蒸发器的结构特点

蒸发器的结构与冷凝器相似,也是由铜管(或铝管)与铝片(或铁片)组成的一种热交换器。汽车空调系统使用的蒸发器亦有管片式、管带式和层叠式三种类型。其结构和性能如图3-27所示。

图3-27 蒸发器的三种类型

三、制冷剂循环管路

制冷剂循环管路,如图3-28所示。管路用来输送制冷剂,使其从系统的一个部件进入另一个部件。

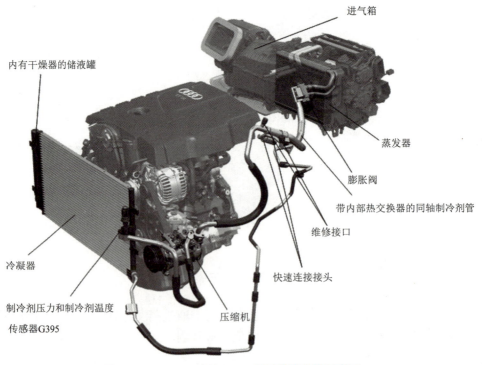

图3-28 Audi(奥迪)Q5空调管路连接示意图

空调系统的连接管（管道）有硬管和软管之分。硬管一般由铜或铝合金制成，要求工作压力在 2 560 kPa 或更高。氯丁橡胶管子只用于 R134a 系统。尼龙管子 R12 系统和 R134a 系统均可使用。压缩机的吸入和压出管都是软管，以便减少发动机和压缩机产生的振动。

吸气管也称低压管或低压蒸气管，它将蒸发器出口和压缩机进口连接起来，其管道直径一般在空调制冷系统中是最大的，运送来自蒸发器的制冷剂蒸气到压缩机。触摸吸气管可感到它是凉的。

排气管也称高压排气管，其连接压缩机的出口和冷凝器的进口，供高压制冷剂蒸气通过。在制冷剂系统正常运转中，排气管是烫的，对非正常运转的系统它可能很烫，在大多数场合不要去碰它，以免烫伤。

制冷剂液体管路也称为高压液体管路，它连接冷凝器的出口和储液干燥器的进口，也连接储液干燥器出口和蒸发器节流装置的进口。制冷剂液体管路一般是温的，在某些条件下会发烫。

奥迪 Q5 同轴制冷导管如图 3-29 所示。

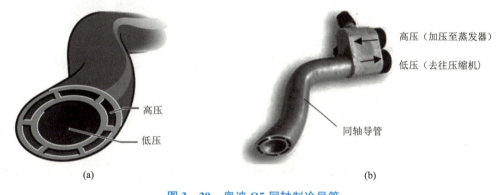

图 3-29　奥迪 Q5 同轴制冷导管
（a）同轴导管断面；（b）带快速连接接头的同轴导管

同轴管路相当于一种内部热交换器，在同轴管路中，热流体和冷气体流通的区域相互分开，并且流通方向相反。从冷凝器流出的是高温液态制冷剂，从蒸发器流出的是低温气态制冷剂，两者相遇时，高温液态制冷剂被冷却。

同轴管路末端有两个新的快速连接装置，这两个装置与保养有关。装配和安装时必须按照规定进行。内部热交换器进一步冷却膨胀装置前部的制冷剂，同时进一步加热压缩装置前的制冷剂。

这种结构的缺点是压缩装置进口温度上升，使压缩装置热负荷更高。与内部热交换器一起使用了一种恒温调节的膨胀阀。

安装注意事项：组装管路系统时，需先用制冷剂稍稍润湿两根空调管路，然后将管路插入，直到可以听到卡入的声音或者能感觉到管路确实卡入。轻轻朝反方向拉动管路，即可检查管路是否确实卡入。这时，应能识别或感觉到指示销的存在。安装示意图如图 3-30 所示。

注意：装配时管路不允许相互转动。

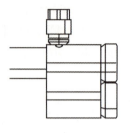

图 3-30　安装示意图

拆卸注意事项：需将相应的分离套管推入快速连接装置中才可以拆卸管路。现在将管路向内压到底，并将分离套管向内推，直到可以听到或感觉到其完全松开。然后将管路和分离套管一起从壳体中拉出。建议事先用阻尼油喷涂快速连接装置，可大大降低拆卸时的阻力。拆卸时使用两种分离套管：T40149/1 或 T40149/2。拆卸示意图及工具如图 3-31 所示。

注意：拆卸时管路不允许相互转动。

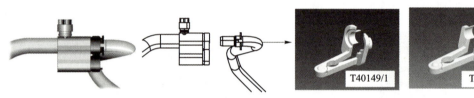

图 3-31　拆卸示意图及工具

项目六　电磁离合器

一、电磁离合器结构组成及作用

电磁离合器主要由带有轴承的皮带轮、压盘、带有毂的弹簧片和电磁线圈组成，弹簧片的毂固定在压缩机驱动轴上。皮带轮装在压缩机壳体上的轴输出端，并可转动。电磁线圈与压缩机壳体刚性连接在一起。电磁离合器的结构如图 3-32 所示。主要作用是：根据需要接通或断开发动机与压缩机之间的动力传递。

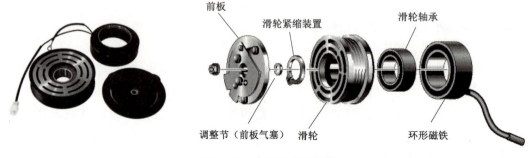

图 3-32　电磁离合器结构

二、电磁离合器的工作原理

（1）当电磁线圈不通电时，在弹簧板的作用下使压盘与皮带轮外端面之间保持一定的间隙"A"，皮带轮在皮带带动下空转，压缩机不工作。

（2）当电磁线圈通电时，在皮带轮外端面产生很强的电磁吸力，将压盘紧紧地吸在皮带轮端面上，这时间隙"A"就不存在了，皮带轮便通过压盘带动压缩机轴一起转动，从而使压缩机工作。

电磁离合器的结构与工作原理如图3－33所示。

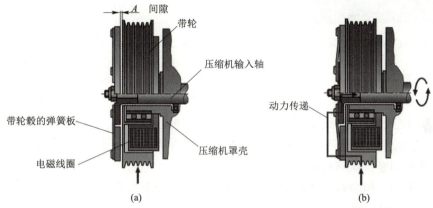

图3－33　电磁离合器的结构与工作原理
（a）电磁离合器分离；（b）电磁离合器接合

项目七　控制元件

一、汽车空调控制系统的控制元件

温度控制器（又称温控开关、恒温器）是制冷设备电气控制系统中的主要部件。它利用感温元件，将温度的变化转换成电气接触点切换变化，达到控制电路的通与断，使制冷设备的温度保持在选定的范围内。

1）机械式温度控制器（又称机械式恒温器、波纹管式恒温器）

波纹管式恒温器由感温驱动机构、温度设定机构和触点三部分组成，如图3－34所示。

机械式恒温器的工作原理如图3－35所示。图中所处的状态是触点断开，压缩机停止工作。当蒸发器表面温度上升时，毛细管内工质的温度和压力也随之上升，波纹管伸长带动杠杆向左运动，触点随之向上运动，当离合器电磁线圈电路接通后，压缩机进入工作状态。

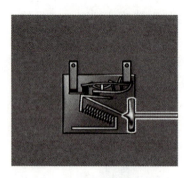

图 3-34 机械式恒温器

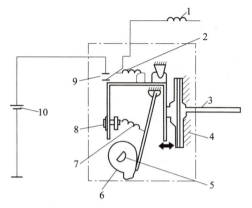

图 3-35 机械式恒温器的工作原理
1—电磁离合器线圈；2—弹簧；3—毛细管；
4—波纹管；5—轴；6—调节凸轮；
7—调节弹簧；8—调节螺钉；9—触点；10—蓄电池

压缩机工作后，空调开始制冷，蒸发器表面的温度逐渐下降，毛细管内工质的温度和压力随之降低，波纹管收缩，带动杠杆向右移动。于是在弹簧力的作用下活动触点被切断，离合器电磁电路被切断，压缩机停止工作。

通过以上循环，恒温器对压缩机进行不断地开合，使蒸发器表面的温度保持在一定的范围内，达到空调系统功能的要求。对于所控制的温度范围，可以通过调节凸轮的位置和调节弹簧的作用力来改变。

机械式恒温器工作可靠、寿命长、价格也比较便宜，不怕振动，比较适宜在汽车上使用。

2) 热敏电阻式恒温器

热敏电阻是一种阻值随温度变化而改变的电阻元件，可分为两种：一种具有负温度特性，即随着温度升高，电阻值减小；另一种具有正温度特性，即随着温度升高，电阻值增大。

现在很多汽车上的空调系统已不再使用机械式恒温器来控制温度，而是采用热敏电阻式恒温器，其工作原理如图 3-36 所示。它利用热敏电阻的阻值随温度而变化的原理，把温度变化转变成电信号，进而控制压缩机电磁线圈电路的通断。

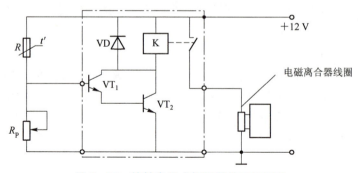

图 3-36 热敏电阻式恒温器的工作原理

热敏电阻式恒温器中的热敏电阻 R 安装在蒸发器表面，目前采用的一般为负温度系数热敏电阻，即其电阻值会随环境温度的上升而变小，随环境温度的下降而增大。

当蒸发器表面温度较高时，热敏电阻的阻值变小，复合晶体管 VT_1 和 VT_2 导通，继电器 K 的触点闭合，电磁离合器线路接通，压缩机开始工作。而当蒸发器的温度降到 0 ℃时，复合晶体管 VT_1 和 VT_2 截止，继电器的触点断开，压缩机停止工作，从而避免了蒸发器结冰现象的发生。整个电路对温度起控点的调整是通过调节可变电阻 R_p 来实现的。

二、制冷循环的压力控制

1. 压力控制的功能

压力控制常采用的方法是：在系统的高压管路中安装压力开关，即低压开关和高压开关。

通常低压切断离合器电路的压力约为 0.2 MPa，高压接通冷凝器风扇高速挡的压力约为 1.6 MPa，高压切断电磁离合器的压力约为 3.2 MPa。

2. 压力开关

压力开关对于所设定的压力执行通或断的指令，如高、低压开关等。

压力开关属于保护元件，是一种随压力变化而断开或闭合触点的元件，又称压力继电器，其安装位置如图 3-37 所示。

图 3-37 压力开关安装位置

它由压力引入装置、动力器件和触点等组成，在系统中感受着制冷剂压力的变化。

当制冷系统工作压力异常（过高或过低）时，压力开关自动切断电磁离合器电路，使压缩机停止运转或使冷却风扇高速运转，从而保护制冷系统不会进一步损坏。

1）高压开关

安装部位：高压管路上、储液干燥器上以及压缩机接头处。

作用：防止系统在异常的高压压力下工作。

种类：常闭型和常开型，如图 3-38 所示。

常闭型——当压力过高（2.1~2.8 MPa）时，切断压缩机工作，保护系统。

常开型——当压力升高到一定程度（(1.58±0.17) MPa）时，接通冷却风扇高速挡电路，以强制冷却。

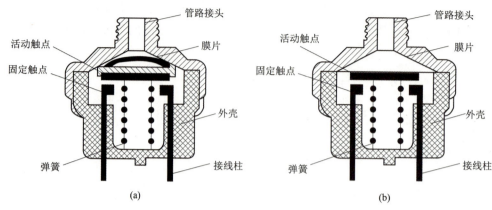

图 3-38 高压开关

(a) 常开型高压开关；(b) 常闭型高压开关

下面以常闭型压力开关为例分析工作过程。高压端制冷剂压力作用在膜片上，正常情况下，高压端压力小于弹簧弹力，固定触点与活动触头处于闭合状态，电路处于接通状态。一旦系统压力超过 3.14 MPa（R12 系统为 2.65 MPa）时，高压蒸气压力大于弹簧弹力，金属膜片反弹变形，致使活动触头与固定触头快速分离，切断离合器电路，压缩机停转。当高压端制冷压力下降到 2.55 MPa（R12 系统为 2.17 MPa）时，触点恢复闭合，电路接通，压缩机恢复运转。

2）低压开关

作用：制冷剂泄漏，导致冷冻油短缺，润滑变差且压缩机超长时间工作，使高压侧压力低于 0.2 MPa 时，低压开关切断电磁离合器电路保护压缩机。

低压开关如图 3-39 所示。

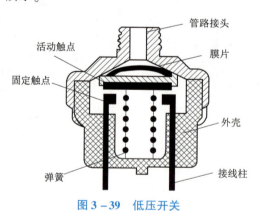

图 3-39 低压开关

低压开关一般装在制冷系统的高压端，用于防止压缩机在异常低压力下工作。空调工作时，高压侧压力过高，一般表明系统存在泄漏。另外，在小型汽车空调制冷系统中，很多压缩机不带润滑油泵。压缩机中摩擦副的润滑很大程度上依靠制冷剂带油回流进行，在缺油环境下继续运行将导致压缩机严重损坏，且空调送出的风不凉，又增加了发动机的功耗。在这种情况下，低压开关工作，触点断开，压缩机停转，可以对空调系统起到保护作用。低压开关的结构与常开型高压开关基本相同。当高压侧压力高于 0.23 MPa 时，触点保持闭合；当系统高压侧压力低于 0.12 MPa 时，触点在弹簧力作用下断开，压缩机便无法起动。

低压开关还可作为环境温度开关使用。当环境温度较低时，低压开关断开，切断离合器电源，防止空调在低温环境下工作。在设计时，一般将压力控制在 0.423 MPa（对应温度为 10 ℃）以上。

3）双重压力开关

双重压力开关（图 3-40）由一个高压开关和一个低压开关复合而成，同时具有低压开关和高压开关的功用。

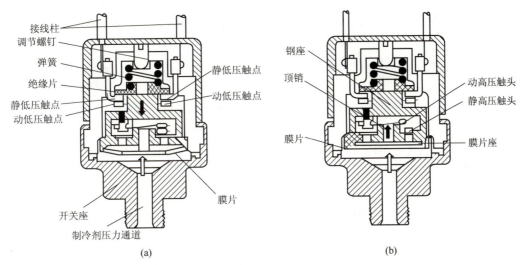

图 3-40　双重压力开关

(a) 制冷压力小于 0.423 MPa 时；(b) 制冷压力大于 2.750 MPa 时

工作原理：

当高压制冷剂的压力正常时，压力应为 0.423~2.750 MPa，金属膜片和弹簧力处在平衡位置，高压触头和低压触头均闭合，电流从低压触头到高压触头后再从低压触头出来。当制冷剂压力降低到小于 0.423 MPa 时，弹簧压力将大于制冷剂压力，推动低压触头并脱开，电流随即中断，压缩机停止运行，如图 3-40（a）所示。

反之，当压力大于 2.750 MPa 时，蒸气压力将整个装置往下推到下止点，蒸气继续压迫金属膜片下移，推动顶销将动高压触头推开，并与静高压触头接触，将离合器电路断开，压缩机停止运行。当高压端的压力小于 2.750 MPa 时，金属膜片恢复正常位置，压缩机又开始运行，如图 3-40（b）所示。

4）三重压力开关

为减少压力开关的数量和接口，以减少制冷剂泄漏的可能，使空调结构更加紧凑，目前很多汽车空调采用三重压力开关（三位压力开关）。这种开关由高低压开关（双重压力开关）和一个中压开关组成，安装在制冷系统高压侧。三重压力开关如图 3-41 所示。

（1）高低压开关：常闭合型开关，功能同前。如果制冷管道高压端压力太高（由于散热不良等）或太低（由于泄漏），三重压力开关动作，送一个信号到冷却风扇单元

图 3-41　三重压力开关

（本田车）或空调控制器（一般车）中，以防止压缩机在异常高或异常低的压力下运转。

（2）中压开关：如果冷媒压力低于1.6 MPa，中压开关闭合，控制冷却风扇的速度，使风扇高速运转；如果冷媒压力高于1 520 kPa，三重压力开关会传递信号到风扇控制单元，或直接控制冷凝器继电器来改变冷凝器风扇和水箱风扇的速度，只要中压开关闭合，则风扇仅高速运转。

3. 压力开关工作条件

（1）当压力 >3.2 MPa 时，通过空调控制单元切断电磁离合器，如图3-42所示。

（2）当压力下降至0.2 MPa时，通过空调控制单元切断电磁离合器，如图3-43所示。

图3-42 压力过高切断电磁离合器示意图

图3-43 压力过低切断电磁离合器示意图

（3）当压力超过1.6 MPa（16 bar）时，冷凝器冷却风扇高速挡电路接通，优化了冷凝器的散热性能，如图3-44所示。

（4）压力释放阀。它在约3.8 MPa（38 bar）的压力下开启，当压力下降到3.0~3.5 MPa（30~35 bar）时关闭，如图3-45所示。

图3-44 压力较高接通风扇高速挡示意

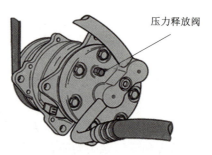

图3-45 压缩机上的压力释放阀

4. 制冷剂压力传感器

现在的中高档轿车，特别是使用自动空调的轿车通常使用压力传感器感测系统压力，以测量压力是否正常。其结构相当于一个歧管压力传感器，一般为压敏电阻式（图3-46）。

位于制冷剂管路高压侧的制冷剂压力传感器对制冷系统起到保护作用，防止压力过高或过低对其造成损坏。如果系统内的压力超过或低于规定值，制冷剂压力传感器就会检测制冷剂管路内的压力，并向ECU发送电压信号。当制冷剂压力传感器检测到高压侧的压力高于2 746 kPa或低于134 kPa时，ECU会使继电器关闭，并停止压缩机的工作。压力传感器除用于压力控制外，还作为冷却风扇的控制信号，当检测到制冷剂压力高于1.7 kPa时，冷凝器散热风扇将高速运转。

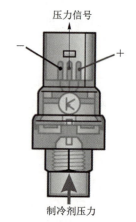

图3-46 压力传感器

思考与练习

一、填空题

1. 冷凝器的结构形式很多，而在汽车空调制冷系统中，经常采用的是_____、_____、_____。
2. 管带式冷凝器，它是由一整根_____和_____焊接而成的。
3. 汽车空调制冷系统采用的蒸发器有_____、_____和_____等几种。
4. 在汽车上总是把_____、_____、_____，甚至还有许多相关的零部件组装在一起，称为蒸发器总成。
5. 节流膨胀装置主要包括_____、_____等。
6. 膨胀阀根据平衡方式可分为_____与_____两种。
7. 热力膨胀阀的结构由两大部分组成，即_____部分和_____部分。
8. 储液干燥器主要由_____、_____、_____、观察窗和_____这几部分构成。
9. 常用的干燥剂有_____及_____。
10. 储液干燥器的常见故障是_____或_____，从而使制冷剂流通不畅，造成制冷系统制冷不足或不制冷。
11. 电磁离合器的作用是接通或切断_____与_____之间的动力传递。
12. 高压压力开关的作用有两种，一种是自动_____的电路，使压缩机停转；另一种是_____电路，自动提高风扇转速，以降低冷凝器温度和压力。
13. 三重压力开关一般安装在_____上，感受制冷剂_____的压力信号。
14. 泄压阀安装在_____或_____上。当制冷剂管路_____温度和压力异常升高时，常通过使易熔塞的易熔合金熔化让制冷剂释放的办法保护制冷系统不受损坏。

二、判断题

1. 斜盘式压缩机是一种轴向往复活塞式压缩机。（　　）
2. 摆盘式的活塞运动属于单向作用式。（　　）
3. 斜盘式的活塞运动属于双向作用式。（　　）
4. 压缩机的润滑方式都是采用油泵强制润滑的。（　　）
5. 一般车型的压缩机设有油池，没有油泵，是依靠润滑油和制冷剂一起循环润滑的。（　　）
6. 汽车空调蒸发器有管片式、管带式和层叠式三种结构。（　　）
7. 层叠式蒸发器主要运用于采用制冷剂R12的汽车空调系统。（　　）
8. 新型单储液室蒸发器空气侧压力损失下降20%，质量减小15%，节省制冷剂50 g左右。（　　）

9. 汽车空调节流装置安装在蒸发器出口处。（　　）
10. 储液干燥器串联在冷凝器与膨胀阀之间的管路上。（　　）
11. 储液干燥器的作用只是储存液态制冷剂。（　　）
12. 储液干燥器输出的是气体制冷剂。（　　）
13. 制冷剂干燥的目的是防止水分在制冷系统中造成冰堵。（　　）
14. 当制冷系统正常运行时，从储液干燥器观察窗中可以看到制冷剂无气泡的稳定流动。（　　）
15. 集液器和储液干燥器类似，串联在冷凝器与节流管之间的管路上。（　　）
16. 电磁离合器不受 A/C 开关的控制。（　　）

三、简答题

1. 膨胀阀的主要作用是什么？
2. 集液器与一般储液干燥器的区别是什么？
3. 集液器的作用是什么？
4. 简述汽车空调制冷系统的基本工作原理。
5. 膨胀阀与孔管有什么区别？
6. 详细叙述汽车空调制冷系统的工作原理。
7. 简述压力保护开关的种类和作用。
8. 简述热力熔断器的结构和原理。

四、名词解释

1. 液击。
2. 易熔塞。

五、填图题

根据下图填写汽车空调系统各组成部分的名称，并说明制冷剂在各部件的状态。

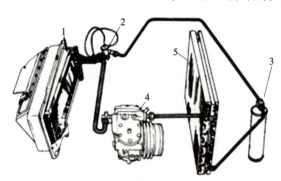

1. _____ ; 2. _____ ; 3. _____ ; 4. _____ ; 5. _____

第四章　汽车空调的暖风与通风系统

项目一　汽车空调的暖风系统

一、汽车空调暖风系统的作用及类型

1. 作用

向车厢内供暖是汽车空调的重要功能之一，而汽车空调的目的不是单纯地制冷和供暖，而是在不断变化的车外空气环境下保持车内温度和湿度稳定在一定范围内，并保证送入车内的空气是清新的。所以必须有通风配气系统对已经通过制冷和加热的空气重新进行调和温度、输送和分配。汽车空调暖风系统的功能是将冷空气送入热交换器中，吸收某种热源的热量，提高空气的温度，并将热空气送入车内。

2. 类型

按热源的不同可分为水暖式、独立燃烧式、气暖式和综合预热式暖风系统。

1) 水暖式暖风系统

水暖式暖风系统利用的是发动机冷却液的热量，这种系统大多用于轿车、大货车及要求不高的大客车上。目前小车上主要采用热水式暖风系统。

2) 独立燃烧式暖风系统

独立式燃烧式暖风系统利用燃料（如柴油、煤油、汽油、丙烷气等）在燃烧器中燃烧所产生的热量，通过介质吸收，然后释放到需要加热的空间中。

3) 气暖式暖风系统

气暖式暖风系统利用的是发动机排气系统的热量，这种系统多用于风冷式发动机上。

不论利用何种热源，热量都是通过热交换装置传递给空气，并通过鼓风机把热空气送入驾驶室内的。利用废气的热量采暖，其热量较大，但使用不安全。近年来国外把热管技术用到汽车上，出现了热管换热器，克服了使用废气采暖器不够安全的缺点。

4) 综合预热式暖风系统

综合预热式暖风系统是既采用发动机冷却液的热量，又装有燃烧预热器的综合加热装置，此种系统多用于大客车上。加热器实质上由燃烧器和热交换器两部分组成，可分为水加

热器、空气加热器、气水综合加热器等几种。加热器成本高，结构复杂，维护费用高，多用于大、中型汽车（如大客车）上。

3. 驻车加热器

近年来高档乘用车上装配了驻车加热器。它利用电脑控制，可按需要时间自动开始工作或遥控工作，可对发动机进行预热，解决了冷起动和暖库驻车问题，可对驾驶室（车厢）进行预热，不但提高了出车速度，还解决了发动机润滑油的预热和保温蓄电池的保温等问题。

驻车加热器（图4-1）实质上是燃油的加热锅炉，锅炉水路接在冷却水回路中，用以给循环的冷却水加热，燃烧后的废气从排气口排出。在驻车情况下发动机不起动，当冷却水下降到一定温度时，控制系统控制燃油泵和驻车加热器的点火装置，使燃料在驻车加热器的燃烧室内燃烧，产生的热量用来给冷却水加热。

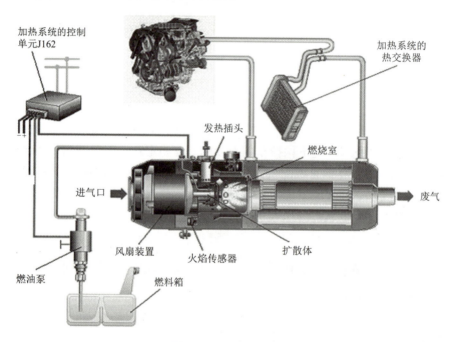

图4-1 驻车加热器

二、汽车空调暖风系统的工作原理

水暖式暖风系统实际上是发动机冷却系统的一部分，大致可分为两大部分，即热水循环回路和配气装置，如图4-2所示。热水循环回路与发动机的冷却系统相连通，借助于发动机的水泵实现热水循环。来自发动机冷却系统的热水从进水管流经加热器控制阀进入散热器，然后经由出水管回到发动机的冷却系统，实现回路的循环，如图4-3所示。

在通风装置中，由鼓风机（电动鼓风机）强制使空气循环运动。空气经由进风口被吸入，流经加热器时将被加热，并由出风口导出，进入车厢内实现取暖或为风窗除霜，如图4-4所示。

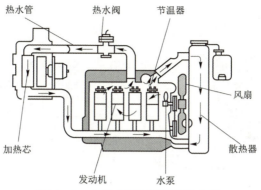

图4-2 水暖式暖风系统结构组成

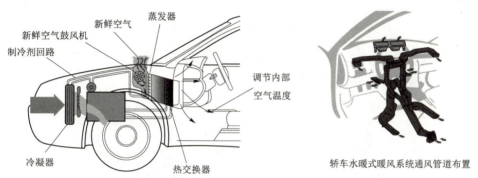

图4-3 水暖式暖风系统的工作原理

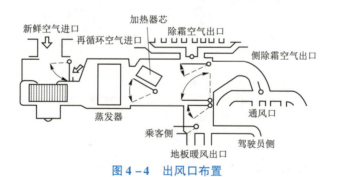

图4-4 出风口布置

三、汽车空调暖风系统结构

汽车空调暖风系统的主要组成部件有加热器总成、鼓风机电动机总成和热水阀等。此外，其他部件有冷却液循环管路、暖风风道和风门控制电动机等。

1. 暖风机总成

暖风机总成如图4-5所示。

2. 热水阀

热水阀也称加热器控制阀，它安装在发动机冷却液通道中，用于控制进入加热芯的发动机冷却水的流量，可以通过空调控制面板上的温度调节杆进行操控，如图4-6所示。

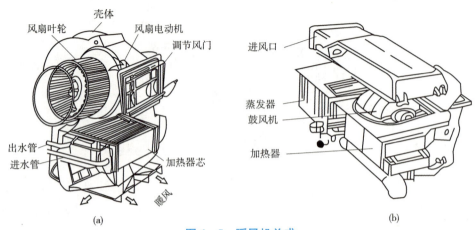

图 4-5 暖风机总成
(a) 单独暖风机；(b) 整体空调器

在汽车空调手动控制系统中，对热水阀的控制可由拉线或真空阀实现。流经加热芯的热水流量的多少取决于拉线或真空执行器的位置。

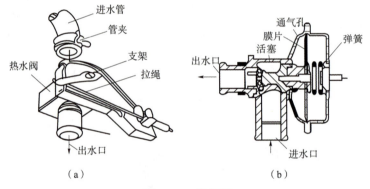

图 4-6 热水阀
(a) 拉绳控制阀的结构；(b) 真空控制阀的结构

3. 鼓风机总成

鼓风机总成由鼓风机电动机和风扇组成，如图 4-7 所示。

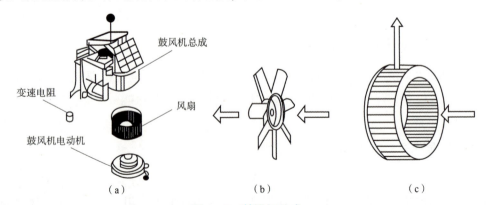

图 4-7 鼓风机总成
(a) 鼓风机结构；(b) 轴流式风扇；(c) 离心式风扇

根据空气流动方向的不同,风扇可分为轴流式和离心式两种。轴流式风扇可将空气从与转轴平行的方向吸入,并将空气从与转轴平行的方向排出。

4. 加热器芯

加热器芯由管子和散热片等构成。新式的加热器芯的管道上有凹坑,可改善热量输出性能,其形状与散热器相似,如图 4-8 所示。如前所述,当热水阀打开时,加热后的发动机冷却液部分流经加热器芯,以便为车厢内乘员提供所需的热空气。

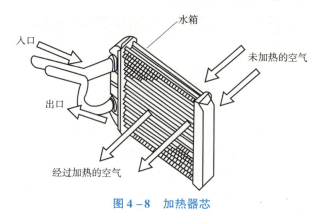

图 4-8　加热器芯

5. 辅助加热装置

在带有柴油发动机的汽车或者是混合动力(Hybrid)车型中,暖风装置通过一个电辅助加热装置支持,如图 4-9 和图 4-10 所示。

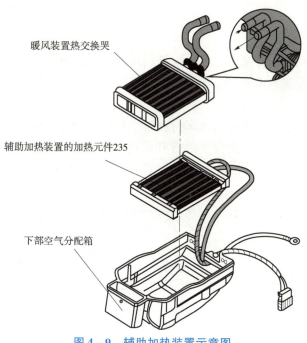

图 4-9　辅助加热装置示意图

图4-10 辅助加热装置控制示意图

项目二 汽车空调的通风系统

一、通风装置

相对封闭的车厢内,只有温度的调节并不能满足舒适度的要求,它不但需要有新鲜空气的补充,还要对狭小的车厢内部空间的气流进行调配,汽车空调的通风系统就是完成上述任务的重要组成部分。新鲜空气的配送量除了考虑人们呼吸排出的二氧化碳、蒸发的汗液、吸烟以及从车外进入的灰尘、花粉等污染物外,还必须考虑保持车内正压和局部排气量所需的风量。为了健康和舒适的要求,车厢内的空气还应符合一定的卫生标准,这就需要输入一定量的新鲜空气。将新鲜空气送入车内,取代被污染的空气的过程,称为通风。

1. 通风系统的作用

将车外的新鲜空气引入车内,将车内的污浊空气排出车外,同时通风系统还具有风窗除霜的作用。

2. 通风系统的工作方式

目前汽车上的通风有三种基本方式:一是利用汽车行驶中产生的动压进行通风;二是利用车上的鼓风机进行强制通风;三是综合通风。

1) 动压通风

动压通风也叫自然通风,它利用汽车行驶时空气对车身表面所产生的压力为动力,按照车身表面压力分布规律,在车上适当的地方开设进风口和排风口,以实现车内的自然通风,如图4-11所示。

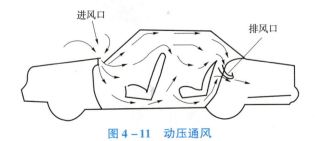

图4-11 动压通风

进、排风口的位置取决于汽车行驶时车身外表面的风压分布状况和车身结构形式。进风口应设置在正风压区,并且离地面尽可能高,以免引入带有汽车行驶时扬起的尘土的空气。

排风口则应设置在汽车车厢后部的负压区,并且应尽量加大排风口的有效流通面积,提高排气效果,还必须注意到尘土、噪声以及雨水的侵入。

由于动压通风不消耗动力,且结构简单,通风效果也较好,因此轿车大都设有动压通风口。

2)强制通风

强制通风,是利用鼓风机强制将车外部新鲜空气送入车内进行通风换气的,如图4-12所示。在轿车的通风系统中,由于空调器采用冷暖一体化的配气方式,蒸发器与加热器联合工作,因此采用强制通风时可对车内的温度、湿度及空气净化进行综合调节,使车内更舒适。此种通风装置常见于高级轿车和豪华旅行车上。

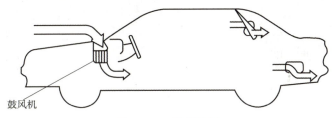

图4-12 强制通风

3)综合通风

综合通风是指一辆汽车上同时采用动压通风和强制通风。采用综合通风系统的汽车比单独采用强制通风或自然通风的汽车结构要复杂得多。最简单的综合通风系统是在自然通风的车身基础上,安装强制通风扇,根据需要可分别使用和同时使用。这样,基本上能满足各种气候条件的通风换气要求。

综合通风系统虽然结构复杂,但省电,经济性好,运行成本低。特别是在春秋季节,用动压通风导入凉爽的外气,以取代制冷系统的工作,同样可以保证舒适性要求。这种通风方式近年来在汽车上的应用逐渐增多。

二、通风系统的原理

通风系统的原理一般由三个阶段构成:空气进入段、空气混合段和空气分配段。通风系统的结构如图4-13所示。

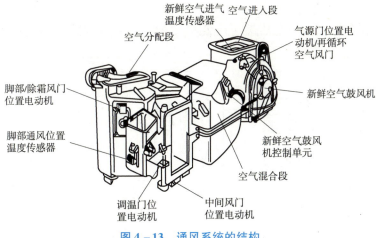

图4-13 通风系统的结构

第一阶段为空气进入段，主要由气源门和气源门控制元件组成，用来控制新鲜空气和车内再循环空气的进入，如图 4-14（a）所示。

第二阶段为空气混合段，主要由蒸发器、加热芯、调温门及控制元件组成，用来调节所需空气的温度，如图 4-14（b）所示。

第三阶段为空气分配段，主要用来控制空调吹出风的位置和方向。它主要由各种风门、风道及控制元件组成，分别使空气吹向面部、脚部和风窗玻璃上，如图 4-14（c）所示。

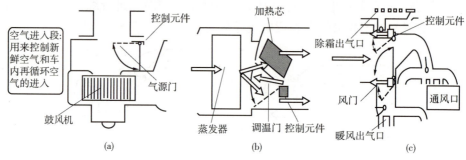

图 4-14 通风阶段

（a）空气进入段；（b）空气混合段；（c）空气分配段

汽车空调的配气方式——空气混合式，如图 4-15 所示。

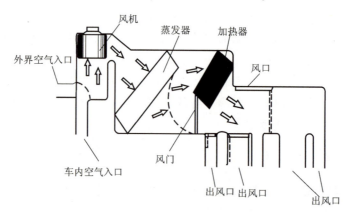

图 4-15 空气混合式空调配气系统的组成及工作原理

汽车空调的配气方式——全热式（再热式），如图 4-16 和图 4-17 所示。

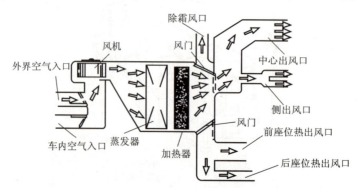

图 4-16 全热式空调配气系统的组成及工作原理

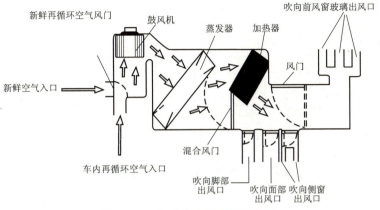

图 4-17　汽车空调进气组织原理

汽车空调的气流组织形成内循环和外循环，如图 4-18 所示。

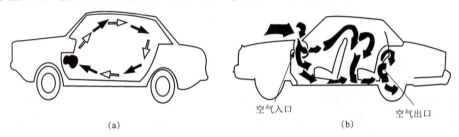

图 4-18　汽车空调进气组织形式
(a) 内循环；(b) 外循环

三、风窗玻璃防雾装置

在气温较低的环境中，风窗玻璃内侧易结雾，甚至出现冰霜，会造成视线不良，严重影响行车安全。通常采用加热的方法将冰霜除去。前风窗玻璃一般采用暖风加热的方法除雾，而后风窗玻璃通常采用电热线加热的方法除雾，其中电热线由镀在后风窗玻璃内表面的多条金属导电膜制成。

后风窗除霜电热线装置的组成如图 4-19 所示。

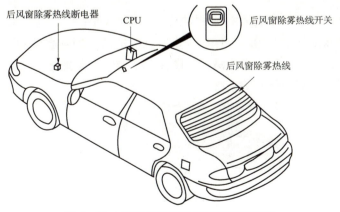

图 4-19　后风窗除霜电热线装置的组成

后风窗除霜电热线装置电路图如图4-20所示。

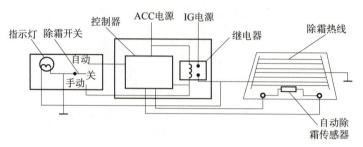

图4-20 后风窗除霜电热线装置电路图

项目三 空气净化装置

一、空气净化装置的功用

进入车内的空气由车外新鲜空气和车内再循环空气组成。车外空气受到粉尘、烟尘以及汽车尾气中的CO、SO_2等有害气体的污染；车内空气受到乘客呼出的CO_2、人体汗味以及漏入车内的废气的污染。这些因素降低了车内空气的洁净度，而空气净化器能够清除车内空气中的异味微粒，并能去除车外空气中的花粉和灰尘，使空气得到净化。因此汽车空调需要装备空气净化器。

汽车空调系统采用的空气净化装置通常有空气过滤式和静电集尘式两种。前者是在汽车空调系统的送风和回风口处设置空气滤清装置，它仅能滤除空气中的灰尘和杂物，因此结构简单，只需要定期清理过滤网上的灰尘和杂物即可，故广泛应用于各种汽车空调系统中。后者则是在空气进口的过滤器后再设置一套静电集尘装置或单独安装一套用于净化车内空气的静电除尘装置。

二、空气净化装置采用的净化方法

目前大多数汽车的空气净化系统采用的方法是在空调系统的进气系统中安装空气滤清器，通过滤清器滤除空气中的尘埃，保持车内空气的清洁。副驾驶员侧脚部粉尘及花粉滤清器如图4-21所示，发动机舱粉尘滤清器如图4-22所示。除此之外，还有很多高级轿车配备有负离子发生器、烟雾净化器等系统。

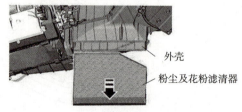

图4-21 副驾驶员侧脚部粉尘及花粉滤清器

图 4-22 发动机舱粉尘滤清器

1. 过滤除尘

主要采用由过滤纤维、无纺布等组成的干式纤维过滤器对空气进行过滤除尘。较大的尘埃由于惯性作用,未能随气流转弯而附着在纤维孔壁上;微小颗粒在围绕纵横交错的表面运动时,与纤维接触而沉积下来,并与纤维摩擦产生静电作用,被纤维吸附在其表面。

汽车空调中,一般采用直径约 10 μm 的中孔聚氨酯泡沫塑料、化纤无纺布和各种人造纤维做过滤器。因其结构简单,只需要定期清理过滤网上的灰尘和杂物即可,故广泛应用于各种汽车空调系统中。

2. 空气净化

汽车车外空气受到烟尘、粉尘以及汽车尾气中 CO 和 CO_2 等有害气体的污染,车内空气受到乘客呼出的 CO_2、人体汗味以及漏入车内的废气的污染。以上因素降低了车内空气的洁净度,因此现代汽车空调中装备了空气净化器,以清除车内空气的异味,去除车外空气中的花粉和灰尘,以空气净化。图 4-23 所示为空气净化器。

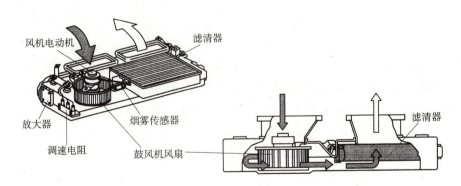

图 4-23 空气净化器

汽车空调净化处理,主要除去空气中的悬浮尘埃。此外,某些高级豪华汽车空调中还有除臭和空气负离子发生器。

3. 静电除尘

静电除尘利用高压电极产生高压电场，对空气进行电离，使尘粒带电，然后在电场作用下产生定向运动，沉降在正负电极上，实现对空气的过滤除尘。静电除尘式空气净化过程如图4-24所示。粗滤器用于过滤空气中粗大的尘埃杂质。除尘器以静电除尘方式把微小的颗粒尘埃、烟灰及汽车排出的气体中所含微粒吸附在除尘板上。

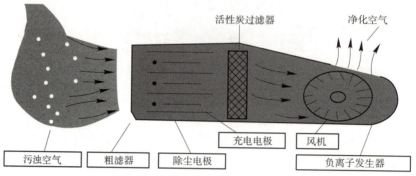

图4-24 静电除尘式空气净化过程

静电式净化器的工作原理如图4-25所示。它由电离部、活性炭吸附器和集尘部三部分组成。

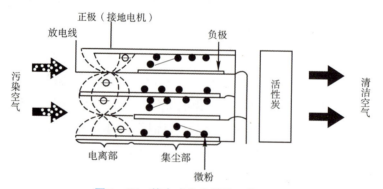

图4-25 静电式净化器的工作原理

电离部和集尘部可做成一体，也可分开，它是静电式净化器的主要组成部分。电离部在电极之间加上5 kV的电压，产生电晕放电，粉尘被电离带上负电，并被正极板吸引，正极板就是集尘部。在集尘部外加高电压，使粉尘受库仑力作用而附着在正极板上。当集尘部上的积灰达到一定数量时，可进行清洗、除尘或更换。除去粉尘后的空气再用活性炭吸附，除去臭味及有害气体，净化后的空气被送至车厢内。有的净化器还设有负离子发生器，改善车厢内的空气质量，有利于人体健康。

4. 负离子发生器

奥迪A6L负离子发生器（空气改善系统）如图4-26所示。

5. 净化烟雾

烟雾浓度传感器的结构及工作原理如图4-27所示。

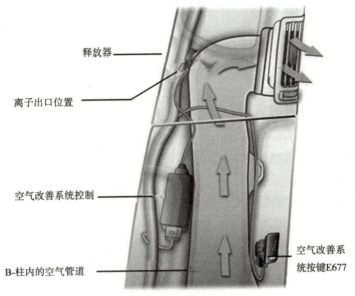

图 4-26　奥迪 A6L 负离子发生器（空气改善系统）

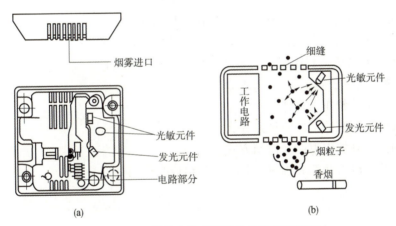

图 4-27　烟雾浓度传感器的结构及工作原理
（a）烟雾浓度传感器的结构；（b）烟雾浓度传感器的工作原理

思考与练习

一、填空题

1. 根据热源不同，汽车暖风系统可分为_____、_____、_____以及_____四类。

2. 根据空气循环方式不同，汽车暖风系统可分为_____、_____和_____三类。

3. 汽车水暖式暖风系统的主要组成部件有_____、_____和_____。
4. 汽车通风系统一般装备有两种通风装置：_____装置和_____装置。
5. 空气进入段，主要由_____和_____组成。
6. 空气混合段，主要由_____、_____和_____组成。
7. 空气分配段，主要由各种_____和_____组成。
8. 汽车空气净化的方法主要有_____和_____两种。
9. 根据风门位置功能可以将风门主要分成三类：_____、_____、_____。
10. 伺服电机主要有_____、_____、_____。
11. 自动空调的出风模式主要有_____、_____、_____、_____四种。

二、选择题

1. 下列哪项属于按暖气设备使用热源分类？(　　)
   A. 余热式、独立式　　　　　　B. 内循环、外循环
   C. 内外混合循环　　　　　　　D. 水暖式、气暖式
2. 下列哪些说法是正确的？(　　)
   A. 水暖式暖风系统是利用废气的余热作为热源的。
   B. 气暖式暖风系统是利用冷却液的余热作为热源的。
   C. 水暖式暖风系统是利用冷却液循环水的余热作为热源的。
   D. 气暖式暖风系统是利用废气的余热直接抽送到车厢内的。

三、简答题

1. 汽车暖风系统的作用是什么？
2. 水暖式暖风系统的工作原理是什么？
3. 试说明热水阀的作用以及控制方式。
4. 配气系统一般由几部分构成？其各自的组成及作用分别是什么？

第五章 汽车空调的控制系统

项目一 汽车空调的控制

一、汽车空调控制系统的功能

空调控制系统的功能是保证空调制冷系统正常运转,同时也要保证空调系统工作时发动机的正常运转。

空调控制系统主要是通过控制压缩机电磁离合器的接合与分离实现温度控制与系统保护,通过对鼓风机的转速控制调节制冷负荷。

二、汽车空调控制系统的控制方法

1. 蒸发器的温度控制

蒸发器的温度控制如图5-1所示。蒸发器温度控制的目的是防止蒸发器结霜。控制蒸发器温度的方法通常有两种:

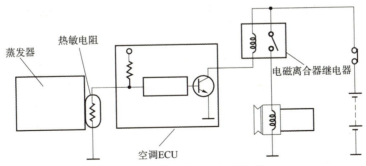

图5-1 蒸发器温度控制电路

（1）用蒸发压力调节器控制蒸发器的压力来控制蒸发器的温度。

（2）利用温度传感器或温度开关控制压缩机的运转控制蒸发器的温度。

根据制冷剂的特性,只要制冷剂的压力高于某一数值,其温度就不会低于0 ℃（对于R134a,此压力大约为0.18 MPa）,因此只要将蒸发器出口的压力控制在一定的数值,就可以防止蒸发器表面结霜或结冰。

当蒸发器表面温度下降到 1 ℃以下时，热敏电阻检测到这一变化，引起其阻值升高，使得由 R_1 与 R_2 组成的串联分压电路中 R_2 的分压变大，导致电压比较器 K 的输出电压变小，不足以驱动 TR_1，TR_1 与 TR_2 截止，温控开关断开，压缩机继电器线圈断电，空调系统不工作，其电路状况如图 5-2 所示。

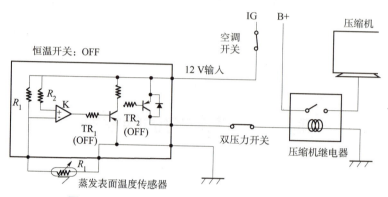

图 5-2　蒸发器表面温度 1 ℃以下时的电路状况

当蒸发器表面温度升高到 4 ℃以上时，热敏电阻检测到这一变化，阻值变小，使由 R_1 与 R_2 组成的串联分压电路中 R_2 的分压变小，电压比较器 K 的输入电压差变大，导致其输出电压变大，TR_1 基极电位升高，TR_1 导通，接着 TR_2 也导通，温控开关闭合，输入 12 V 电压，经过双压开关后，控制压缩机继电器线圈通电，继电器触电闭合，接通压缩机的供电电路，空调系统开始工作，其电路状况如图 5-3 所示。

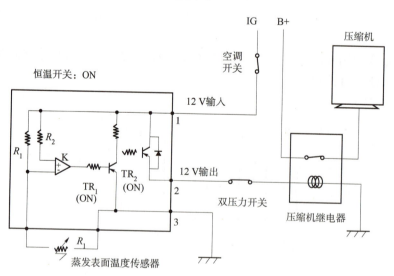

图 5-3　蒸发器表面温度 4 ℃以上时的电路状况

2. 冷凝器风扇控制

一般的小客车和大中型客车，由于车辆底盘结构与轿车有很大区别，空调系统的布置方式也不一样，其冷凝器一般不装在水箱前，而是单独设置。像客车的车外顶置式空调，其冷凝器安装在车辆顶部，故散热风扇安装在车顶上。轿车空调的冷凝器一般装在水箱前，为了减少风扇的配置，使结构简化，在设计上一般将水箱冷却风扇和冷凝器风扇组装在一起，利用一个或两个风扇对水箱和冷凝器进行散热。

其一般由水温信号和空调信号共同控制，同时满足水箱散热和冷凝器散热的需要。常见的冷凝器散热风扇电路有空调开关直接控制型、A/C 开关和水温开关联合控制型、空调放大器控制型。冷凝器和散热器风扇控制电路如图 5 – 4 所示。

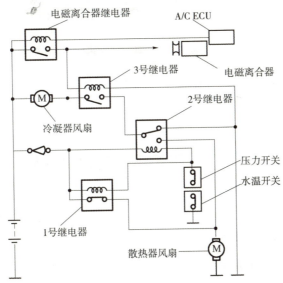

图 5 – 4　冷凝器和散热器风扇控制电路

3. 发动机的怠速提升控制

1）发动机怠速调节装置

发动机在怠速运转时往往影响到空调系统的正常工作。一方面压缩机转速过低，造成制冷量严重不足；另一方面，对于小排量发动机来说，怠速时发动机功率较小，不足以带动制冷压缩机并补偿因电力消耗给发电机增加的负荷。

同时，由于发动机转速过低，冷却风扇的风压和风量均不充足，使发动机和冷凝器散热受到影响。冷凝器温度和冷凝压力异常升高后，压缩机功耗迅速增大。这样，一是增加了发动机在怠速时的负荷，导致工作不稳定，甚至熄火；二是可能引起电磁离合器打滑或传动皮带损坏。因此，在非独立式空调系统中一般装有怠速调节装置，如图 5 – 5 所示。

2）怠速调节装置类型

第一类是被动式调节，当发动机怠速运转时，自动切断压缩机离合器电路，停止压缩机运行，以减轻发动机的负荷，稳定发动机怠速性能，这类装置称为怠速继电器。

第二类是主动式调节，即在发动机怠速运转时加大油门，以增加发动机的输出功率，并使发动机转速稍有提高，达到带负荷的低速稳定运转的目的。这类装置称为怠速提升装置。

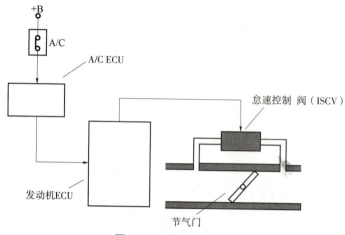

图 5-5 怠速调节装置

项目二　空调系统控制电路

一、汽车空调系统基本控制电路

为了使汽车空调系统能正常工作，车内能维持所需要的温度，汽车空调系统中设有一系列的控制元件和执行机构。为保证装配了空调系统的汽车正常工作，还需要对压缩机的运行及发动机的工作采取一些措施。车内人员对汽车空调系统工作的要求是通过电气系统或真空系统的控制作用来实现的。汽车空调系统的基本电路如图 5-6 所示。

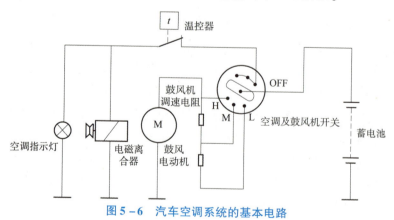

图 5-6　汽车空调系统的基本电路

二、空调电气控制系统

1. 鼓风机的控制电路

根据控制方法的不同可分为以下三种：鼓风机开关和调速电阻联合控制；电控模块通过

大功率晶体管控制；晶体管与调速电阻器组合型。

单风口空调的鼓风机是第一种控制形式。

1）鼓风机开关和调速电阻联合控制

鼓风机的控制挡位一般有二、三、四、五速四种，最常见的是四速。通过改变风机开关与调速电阻的接通方式可令风机以不同的转速工作，如图5-7所示。

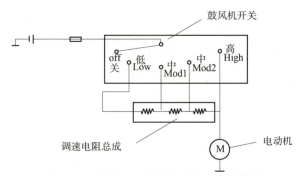

图5-7 鼓风机开关和调速电阻联合控制

（1）鼓风机开关处于L位置时，至电动机的电流需经过两个电阻，鼓风机以低速运转。

（2）开关调至M位置时，至电动机的电流需经过一个电阻，鼓风机以中速运转。

（3）开关调至H位置时，线路中不串联任何电阻，加在电动机上的是电源电压，鼓风机以最高速运转。

2）电控模块通过大功率晶体管控制

现代中高档轿车为实现风速的自动控制，鼓风机的转速一般由电控模块通过大功率晶体管控制，其电路如图5-8所示。

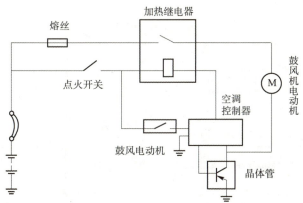

图5-8 晶体管控制的鼓风机电路

功率组件控制鼓风机的运转，它把来自程序机构的鼓风机驱动信号放大，根据车内情况，放大器的输出信号按照指令提供不同的鼓风机转速。如果车内温度比所选定的温度高很多，在空调工作状态下，鼓风机将高速运转；而当车内温度降低时，鼓风机速度又降为低速。相反，如果车内温度比所选定的温度低得多，在加热状态下，鼓风机将被起动为高速；而当车内温度上升后，鼓风机速度降为低速。

3）晶体管与调速电阻器组合型

鼓风机控制开关有自动（AUTO）挡和不同转速的人工选择模式，当鼓风机转速控制开关设定在"AUTO"挡时，鼓风机的转速由空调电脑根据车内、车外温度及其他传感器的参数控制；若按动人工选择模式开关，则空调电路取消自动控制功能，执行人工设定功能。晶体管与调速电阻器组合型如图 5-9 所示。

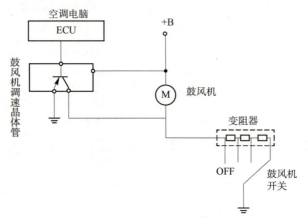

图 5-9　晶体管与调速电阻器组合型

2. 压缩机电磁离合器控制电路

1）压缩机的控制方式

根据控制开关的位置，压缩机的控制方式可分为两种，即控制电源型和控制搭铁型，如图 5-10 所示。

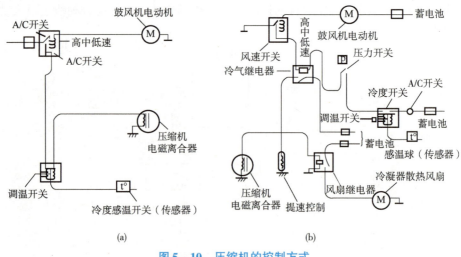

图 5-10　压缩机的控制方式
(a) 控制电源型；(b) 控制搭铁型

2）电磁离合器脱开，压缩机被关掉的几种情况

（1）鼓风机开关位于 OFF（断开）挡。鼓风机开关断开，加热器继电器也断开，电源不再传送至空调器。

（2）空调器开关位于 OFF（断开）挡。空调器放大器（它控制压缩机电磁离合器继电器）的主电源被切断。

（3）蒸发器温度太低。如蒸发器表面温度降至 3℃或以下，则空调器放大器电源被切断。

(4) 双重压力开关位于 OFF（断开）挡。如制冷回路高压端压力极高或极低，这一开关便断开。若空调器放大器检测到这一情况，则切断电磁离合器继电器。

(5) 压缩机锁止（仅限某些车型）。压缩机与发动机转速差超过一定值，空调器放大器就会判断压缩机已锁止，并切断电磁离合器继电器。

3. 冷凝器风扇的控制电路

对于一般小客车和大中型客车，由于底盘结构跟轿车有很大的差别，其冷凝器一般不装在水箱前，故冷凝器风扇需单独设置。一般只受空调开启信号控制。

轿车空调的冷凝器一般装在水箱前，为了减少风扇的配置，使结构简化，轿车在设计上一般将水箱冷却风扇和冷凝器风扇组装在一起，利用一个或两个风扇对水箱和冷凝器进行散热。车型不同，配置风扇的数量也不同，控制线路设计方面差异也很大，但其控制方式则大同小异，一般根据水温信号和空调信号共同控制，同时满足水箱散热和冷凝器散热的需要。上汽大众桑塔纳轿车空调系统电路如图 5-11 所示。

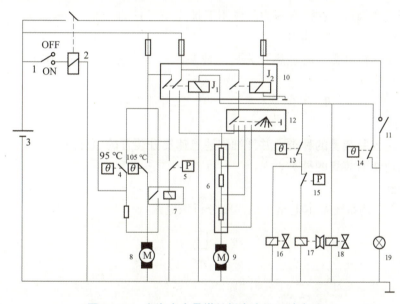

图 5-11 上汽大众桑塔纳轿车空调系统电路

1—点火开关；2—卸荷继电器；3—蓄电池；4—冷却液温控开关；5—高压保护开关；6—调速电阻；7—空调减荷继电器；8—冷却风扇电动机；9—鼓风机；10—空调继电器；11—空调开关；12—鼓风机开关；13—蒸发器温控开关；14—环境温度开关；15—低压保护开关；16—怠速提升电磁阀；17—电磁离合器；18—新鲜/循环空气电磁阀；19—空调指示灯

一、填空题

1. 过热开关装在_____上，其作用是使电磁离合器电源中断，压缩机停转。

2. 旁通电磁阀一般用于大客空调上，其作用是_____。

3. 空调系统电路的组成，主要由电源电路、_____控制电路、_____控制电路和_____控制电路等组成。

二、选择题

1. 在制冷系统工作时，用纸板或其他板挡住冷凝器的散热，以恶化其冷却效果，这时冷凝器的温度会逐渐升高，当高压表压力达到（ ）时，电磁离合器应立即断电。

   A. 低于 0.21 MPa   B. 高于 0.21 MPa
   C. 低于 2.1~2.5 MPa   D. 高于 2.1~2.5 MPa

2. （ ）型继电器一般用于电磁离合器控制、冷凝器风扇控制、怠速提升装置控制等。

   A. 常开   B. 常闭   C. 常开和常闭

3. 高压压力开关的触点是（ ）的。

   A. 常闭   B. 常开

4. 低压开关的触点，在没有压力的作用下是（ ）的。

   A. 常闭   B. 常开

5. 安装在压缩机缸盖上的过热开关是一种温度-压力感应开关。在正常情况下，此开关处于（ ）位置。

   A. 断开   B. 闭合   C. 二者都不对

三、问答题

1. 简述怠速控制装置的种类，并详细叙述怠速提升装置的原理。
2. 简述加速切断装置的种类。

四、读图题

下图为汽车空调系统基本电路，请详细分析该电路。

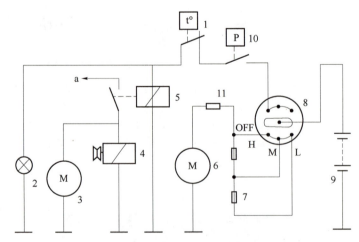

第六章　汽车自动空调系统

项目一　自动空调系统的组成及工作原理

汽车自动空调系统的应用，免去了手动调节的麻烦，缓解了驾驶员的疲劳，在人类的现代化进程中，使汽车作为代步和交通运输工具的特性得以不断拓展和延伸。

现代汽车空调控制系统由于采用了先进的控制理论和计算机技术，在控制方式、控制精度和舒适性及工作可靠性方面，与传统的汽车空调手动控制系统已经有了本质的区别。只要驾驶员设定好所需要的工作温度，系统即自动检测车内和车外温度、太阳辐射和发动机工况，并自动调节鼓风机转速和所送出的空气温度，将车内温度保持在设定的范围内，并适度调节空气质量。

一、自动空调系统的组成

汽车自动空调系统主要由传感器、控制器和执行器三部分组成，如图6-1所示。

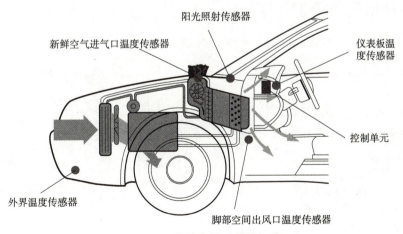

图6-1　自动空调系统的组成

（1）传感器。汽车空调电子控制系统一般设有蒸发器温度传感器、发动机冷却液温度传感器、车内和车外温度传感器、阳光传感器及各压力开关等，用于将蒸发器出口处温度、发动机温度、车内外温度、阳光照射强度及制冷系统压力异常等参数转换为相应的电信号，并输送给电子控制器。

（2）控制器。以微处理器为核心的电子控制器根据各传感器及各开关的输入信号对空调的工作状态、热负荷、发动机的工况与状态等进行分析判断，并输出控制信号，控制执行器工作，使空调系统在最佳状态下运行。

（3）执行器。微处理器控制的汽车空调通常设有温度调节、风量与送风方式调节、压缩机运行控制、热水阀控制等执行器，执行器按照电子控制器输出的控制信号工作，实现空调的最佳状态控制和安全保护。

高级轿车的汽车空调自动控制系统除了温度控制和鼓风机转速控制外，还能进行进气控制、气流力式控制（送风控制）和压缩机控制，并保证系统安全可靠地工作。当系统出现故障时，还可以自动检测和诊断故障部位，并且以故障代码的方式告知维修技术人员。图 6-2 所示为 2009 高尔夫（GOLF）A6 双区域独立控制自动空调系统操作面板。

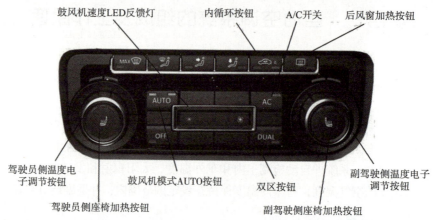

图 6-2　2009 高尔夫（GOLF）A6 双区域独立控制自动空调系统操作面板

二、自动空调器的工作原理

高尔夫自动空调器的系统组成如图 6-3 所示。

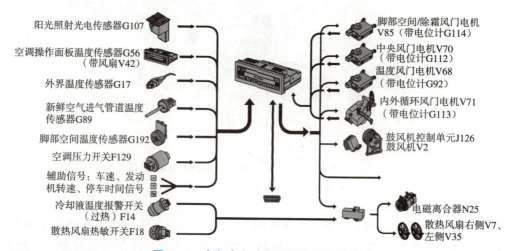

图 6-3　高尔夫自动空调器的系统组成

传感器作为信息采集部件，将制冷情况、车内外温度和其他有关信息输入电脑 ECU 中。电脑 ECU 将获得的信息进行分析、处理，经"模/数"转换后以数字形式向执行装置发出控制信号，对车内空气的温度、湿度及流通状况按照预定要求进行调节，调节的结果被反馈到电脑 ECU 中进行比较、分析和处理，然后再传递给执行装置。如此进行反复调节，直至达到预设定的要求。空调系统中的执行元件及传感器的安装位置如图 6-4 所示。

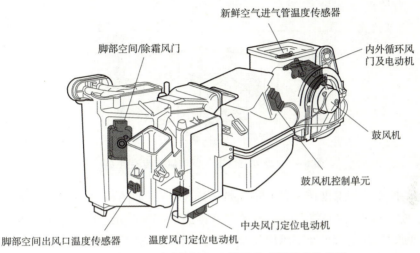

图 6-4　空调系统中的执行元件及传感器的安装位置

主要的温度传感器有如下几种：

（1）外界温度传感器 G17。该温度传感器位于车辆的前部，如图 6-5 所示，主要用来记录实际的外界温度。控制单元根据温度变化来控制温度风门和新鲜空气鼓风机。

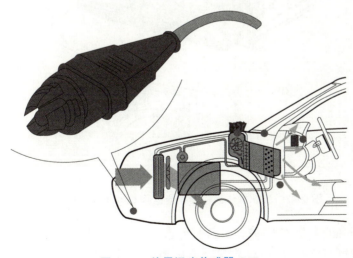

图 6-5　外界温度传感器 G17

（2）新鲜空气进气管道温度传感器 G89。该温度传感器位于新鲜空气进气管道内，它是第二个实际外界温度测量点，如图 6-6 所示。控制单元根据温度变化来控制温度风门和新鲜空气鼓风机。如果信号出现故障，则使用第一空气温度传感器（外界温度传感器）位于车辆前部的测量值。温度传感器具有自诊断能力。

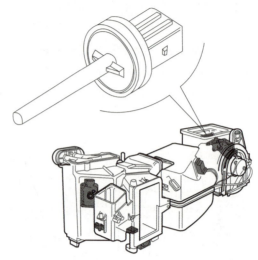

图 6-6　新鲜空气进气管道温度传感器 G89

（3）空调操作面板温度传感器 G56（带风扇 V42）。如图 6-7 所示，该温度传感器通常是直接集成在控制单元内并将实际的内部温度传递到控制单元。在控制单元内还植入了一个风扇 V42，温度传感器 G56 处于风扇 V42 的气流中。风扇 V42 是由操作和显示单元所控制的，它排出车内空气，以避免温度传感器测量错误。

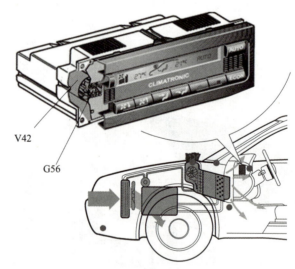

图 6-7　空调操作面板温度传感器 G56（带风扇 V42）

（4）脚部空间温度传感器 G192。该温度传感器测量从暖风/空调系统吹出的（并进入车内）风的温度。温度传感器为一个负温度系数的热敏电阻，如图 6-8 所示。控制单元对该信号进行评估，信号被用来控制除霜/脚部空间空气的分布，以及新鲜空气鼓风机的空气量。如果发生故障，控制单元以一个替代值 +80 ℃ 来计算，系统继续工作。传感器具有自诊断功能。

（5）阳光照射光电传感器 G107。其结构如图 6-9 所示，空调温度是由阳光照射光电传感器进行控制的，它记录下车内乘客在阳光下照射的情况。根据空调类型的不同，系统可以通过一个或两个传感器测量阳光照射在车内左侧或右侧的强度，其电路如图 6-10 所示。

第六章 汽车自动空调系统

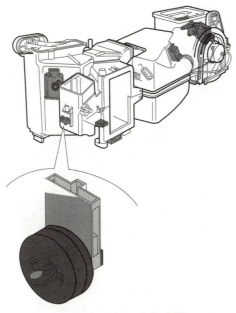

图 6-8 脚部空间温度传感器 G192

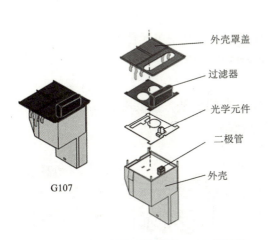

图 6-9 阳光照射光电传感器 G107 的结构

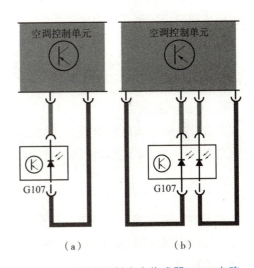

图 6-10 阳光照射光电传感器 G107 电路
(a) 1 个阳光传感器；(b) 2 个阳光传感器

项目二 汽车自动空调的控制

一、自动空调操纵控制系统

对温度控制来说，附加的信号可以提高舒适性并用于系统控制，其辅助信号作用如

图6-11所示。这些辅助信号是由其他的控制单元提供，并由空调控制单元进行处理。这些信号是：停车时间 t_h、车速 v、发动机转速 n。

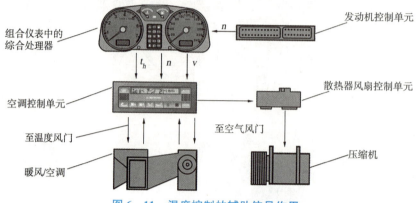

图6-11 温度控制的辅助信号作用

1) 停车时间

停车时间指切断点火开关至再次起动发动机之间的时间间隔。该信号用于调整温度风门，当发动机重新起动时，控制单元处理关闭发动机前所储存的外界温度数值，这样便能够快速地达到设定的舒适的温度。

2) 车速 v

该信号被用来控制风门。信号由车速传感器所产生并被控制单元使用，在高的车速下，空气管的截面积会缩小，以尽可能地保持吹入车厢内的风量稳定。

3) 发动机转速 n

该信号是向空调控制单元提供发动机实际工作状态的信号，它被用于系统控制（切断电磁离合器），例如当没有发动机转速信号时，切断压缩机。

二、定位电机

在手动空调系统中，以下的风门，如温度风门、中央风门、脚部空间/除霜风门是由驾驶员通过拉索来分别控制的。

在自动控制的空调系统中，风门是由电子控制的定位电机操纵的，内循环风门也是由定位电机操纵的，如图6-12所示。定位电机通过暖风/空调系统的风门轴来定位，所有的电机从空调控制单元得到相应的控制信号，定位电机和电位计电路如图6-13所示。

空调制冷模式如图6-14所示。

空调制冷关闭、暖风开启模式如图6-15所示。

空调制冷、暖风同时开启模式如图6-16所示。

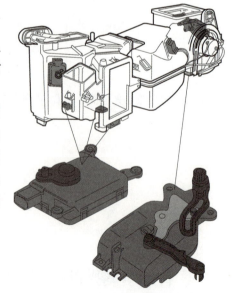

图6-12 内外循环和空气风门定位电机

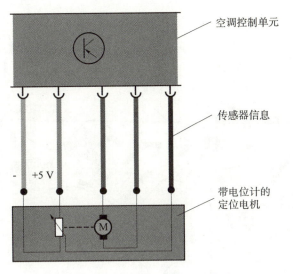

图6-13 定位电机和电位计电路

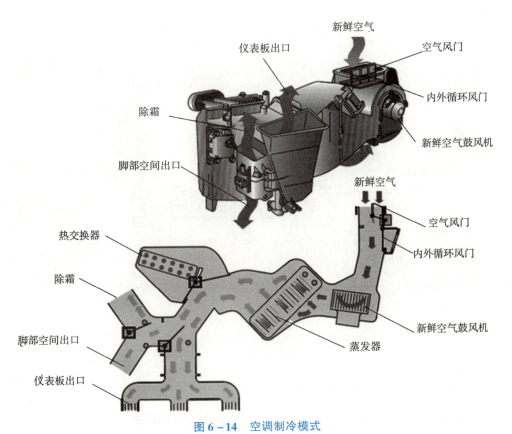

图6-14 空调制冷模式

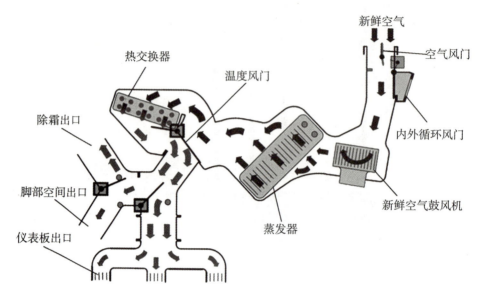

图6-15 空调制冷关闭、暖风开启模式

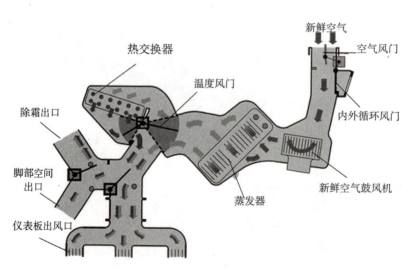

图6-16 空调制冷、暖风同时开启模式

三、自动空调系统电气连接

奥迪Q5、A4、A5轿车自动空调系统电气连接如图6-17所示。

第六章 汽车自动空调系统

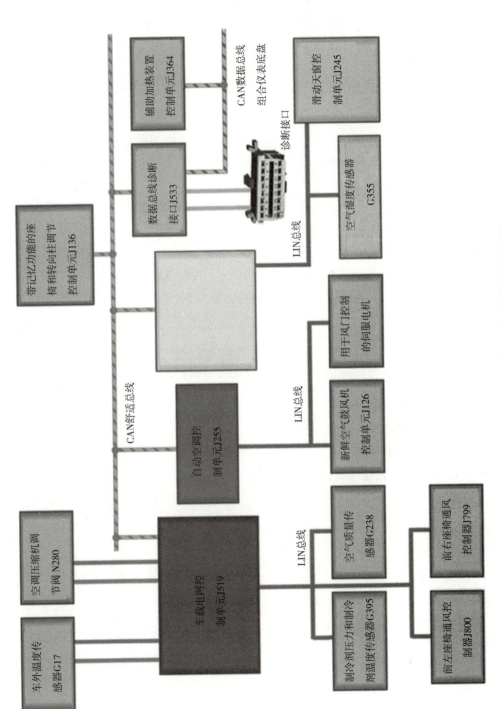

图 6-17 奥迪 Q5、A4、A5 轿车自动空调系统电气连接

思考与练习

一、填空题

1. 自动空调电子控制系统主要由_____、_____和_____三部分构成。
2. 阳光传感器是利用_____，把日光照射量变化转换为电流值变化信号检测出来并输送给空调电控单元，用来调整空调吹出的风量与温度。
3. 自动空调系统的输入元件主要有_____传感器、_____传感器、_____传感器、_____传感器、_____传感器、_____传感器、_____传感器以及发动机电脑输入信号等。
4. 一般自动空调在环境温度低于_____时，压缩机就不会工作。
5. 有些车型有两个蒸发器温度传感器，其中一个是用于修正_____，一个用来防止_____。
6. 车外温度传感器一般安装在_____。阳光传感器也叫日光传感器、日照传感器等，它一般安装在_____的上面，靠近_____底部。

二、问答题

1. 自动空调的工作原理是什么？
2. 自动空调通常有哪些执行元件？
3. 自动空调有哪些控制功能？
4. 什么是 LAN 系统？它有什么特点？

第七章　汽车空调系统的维护及故障诊断

项目一　汽车空调系统的维护

一、维护制冷系统的注意事项

（1）R12 和 R134a 制冷剂不能混合使用。
（2）必须绝对避免直接接触制冷剂。
（3）不得对充满制冷剂的空调系统进行焊接。
（4）维修制冷系统必须在通风良好的房间进行。
（5）密封部分必须使用原厂部件。

二、汽车空调系统常用检修设备

1. 歧管压力计

歧管压力计也称压力表组，与制冷系统相接可进行抽真空、加注制冷剂及检查和判断制冷系统的工作状态和故障情况等。压力表的结构及快速接头如图 7-1 所示。

图 7-1　压力表的结构及快速接头

2. 制冷剂罐注入阀

制冷剂罐注入阀如图7-2所示。

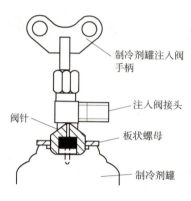

图7-2 制冷剂罐注入阀

其具体使用方法如下：

（1）按逆时针方向旋转注入阀手柄，直至阀针退回。

（2）将注入阀装到制冷剂罐上，逆时针方向旋转板状螺母直至最高位置，然后将制冷剂注入阀顺时针拧动，直至注入阀嵌入制冷剂密封塞。

（3）将板状螺母按顺时针方向旋转到底，再将歧管压力计上的中间软管固定到注入阀的接头上。

（4）拧紧板状螺母。

（5）按顺时针方向旋转手柄，使阀针刺穿密封塞。

（6）若要加注制冷剂，则逆时针方向旋转手柄，使阀针注入阀接头抬起，同时打开歧管压力计上的手动阀。

（7）若要停止加注制冷剂，则顺时针方向旋转手柄，使制冷剂罐阀针再次进入密封塞，起到密封作用，并同时关闭歧管压力计上的手动阀。

3. 真空泵

图7-3所示为真空泵。在安装、检修空调制冷系统时，会有一定量的空气进入制冷系统，空气中含有一定量的水蒸气，这会使制冷系统的膨胀阀出现冰堵、冷凝压力升高、系统零部件发生腐蚀。因此，对制冷系统进行检查后，在未加入制冷剂前，应将制冷系统抽真空。而抽真空的彻底与否，将影响系统正常运转效果好坏。真空泵用于制冷系统抽真空，排除系统内的空气和水分。抽真空并不能将水抽出系统，而是产生真空后降低了水的沸点，水在较低温度下沸腾，以蒸气的形式从系统中被抽出。

4. 检漏设备

1）卤素检漏灯

卤素检漏灯的操作如下：

（1）向检漏本体和检漏灯上加液态丙烷或无水酒精。

（2）将点燃的火柴插入检漏灯点火孔内，再按逆时针方向慢慢旋转调节把手，让丙烷

第七章 汽车空调系统的维护及故障诊断

图 7-3 真空泵

气体溢出，遇火就能点燃。

（3）将点燃的火焰调节到尽量小，火焰越小，对制冷剂泄漏反应越灵敏。

（4）把吸气管末端靠近各个有可能泄漏的部位。

（5）细心观察火焰的颜色，判断出制冷系统泄漏的部位和泄漏程度。若没有泄漏发生，空气中不存在制冷剂蒸气时，火焰为无色。当出现极轻微的泄漏时，吸气管将泄漏的制冷剂蒸气吸入丙烷灯燃烧室内，并在 600～700℃ 的燃烧区发生制冷剂分解反应，产生的气体在接触到烧红的铜时会把火焰变成绿色并增加火焰高度。因此，可根据卤素检漏灯火焰的颜色来判断制冷剂泄漏量。

2）电子检漏仪

少量的泄漏（外部损坏）只有通过相应的电子泄漏探测设备（图 7-4）才能够探测出，因为制冷剂的泄漏量非常少。使用该设备可以探测出每年 5 g 的制冷剂泄漏量。

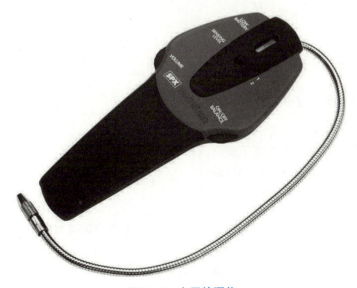

图 7-4 电子检漏仪

87

5. 检查、抽取、排放和加注一体机（以下简称"空调加注一体机"）

空调加注一体机能完成汽车空调关于制冷剂方面的保养、测试和处理工作。其包括几个单独部分，即加注缸、压力表、真空泵、切断阀和加注软管。空调加注一体机侧面有一对用于制冷剂高压回路和低压回路的快速接头，如图 7-5 所示。

图 7-5　空调加注一体机

项目二　制冷系统抽真空和加注

一、制冷系统抽真空

1. 抽真空必需的操作专用机具

（1）真空泵：流量必须大于 18 L/min。
（2）歧管压力表：应当采取高压表与低压表在一起的复合式压力表。
（3）检漏仪：卤素检漏灯或电子检漏仪。

2. 制冷系统抽真空的操作步骤

（1）连接歧管压力计。先把歧管压力计高压软管接到空调系统高压维修阀上，再把低压软管接到低压维修阀上，把中间软管接到真空泵上，如图 7-6 所示。

（2）打开歧管压力计高压手动阀与低压手动阀。

（3）启动真空泵开始抽真空。观察低压表上的读数，直至低压表显示的真空度达到负压 100 kPa 为止。抽真空时间为 5~10 min，如真空度达不到 100 kPa，应关闭高、低压手动阀，停止抽真空，检查泄漏处。

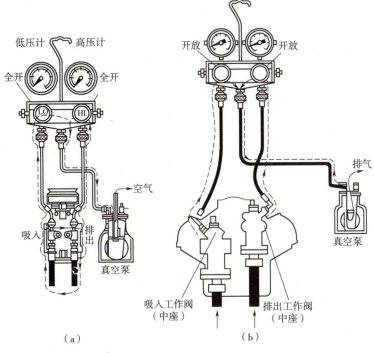

图 7-6 制冷系统抽真空连接

(a) 轿车空调系统连接图；(b) 客车空调系统连接图

(4) 当低压表指示的真空度达到 100 kPa 后，关闭高、低压手动阀。静置 5 min 后观察压力表指示情况，如真空度有变化，说明有泄漏，可用检漏仪检查排除；如真空度不变，说明系统正常，可继续下述操作。

(5) 继续抽真空 20～25 min。

(6) 关闭歧管压力计上的高、低压手动阀，停止抽真空。从真空泵接口上拆下中间注入软管，抽真空完毕，准备充注制冷剂。

二、制冷剂的加注

1. 加注制冷剂方法

加注制冷剂的方法有两种。一种是从高压侧加注，加注的是液态制冷剂，加注速度快，适用于第一次加注，即检查泄漏、抽完真空后的加注。加注时要注意不要起动压缩机，制冷剂罐要倒立。另一种是从低压侧加注，加注的是气态制冷剂，加注速度慢，适用于补充加注。加注时需起动压缩机，制冷剂罐要正立。

2. 加注步骤

1) 从高压端加注制冷剂

(1) 系统抽真空后，关闭歧管压力计上的手动高、低压阀，并将歧管压力计与系统连接。

(2) 将中间软管的一端与制冷剂罐注入阀的接头连接起来，并打开制冷剂罐开关，再拧开歧管压力计软管一端的螺母，让气体溢出几分钟，把空气赶走，然后再拧紧螺母，开启阀操作如图7-7所示。

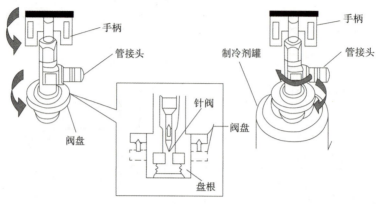

图7-7 开启阀操作

（3）拧开高压侧手动阀至全开位置，将制冷剂罐倒立，以便从高压端加注液态制冷剂，如图7-8所示。

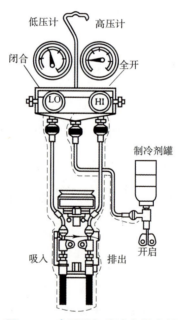

图7-8 高压端加注液态制冷剂

（4）从高压端加注规定量的液态制冷剂后，关闭制冷剂罐注入阀及歧管压力计上的手动高压阀，然后将仪表卸下。

（5）装回所有保护帽和保护罩。

特别要注意，从高压侧向系统注入制冷剂时，发动机处于未起动状态（压缩机停转），更不可拧开歧管压力计上的手动低压阀，以防止产生液压冲击。另外，如果低压表不能从真空量程移动到压力量程，表示系统堵塞，则应按要求消除堵塞后重新对系统抽真空并继续注入制冷剂。

2）从低压端加注液态制冷剂

（1）将歧管压力计与压缩机和制冷剂罐连接好，从低压端加注液态制冷剂如图 7-9 所示。

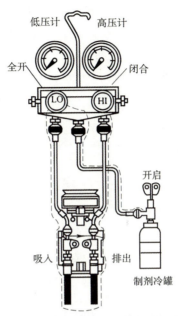

图 7-9　低压端加注液态制冷剂

（2）关闭手动高、低压阀，拆开高压端检修阀和胶管的连接，然后打开手动高压阀，再打开制冷剂罐开关。在胶管口听到制冷剂蒸气出来的嘶嘶声后，立即将软管与高压检修阀相连，关闭手动高压阀。用同样的方法清除低压端和管道中的空气，然后关好手动高、低压阀。

（3）打开歧管压力计的低压手动阀，制冷剂罐正立（正立时罐的上部为气态，下部为液态，防止液态制冷剂进入制冷系统的低压端对空调压缩机的进、排气阀片造成"液击"），使制冷剂以气态的形式进入制冷系统的低压端。当低压端的压力不再增加时，关闭歧管压力表的低压端手动阀。让制冷剂进入制冷系统，当系统压力值达到 0.4 MPa 时，关闭手动低压阀。

（4）起动发动机并将转速调整到 1 250 r/min 左右，将汽车空调开关接通，并将风机开关置于高速、调温开关调到最冷。

（5）打开歧管压力计上的手动低压阀，让制冷剂继续进入制冷系统，直至注入量达到规定值时，立即关闭手动低压阀。

（6）向系统中注入规定量的制冷剂后，从视液玻璃窗处观察，确认系统内无气泡、无过量制冷剂。此时，高压表值应为 1.01~1.64 MPa，低压表值应为 0.118~0.198 MPa。

（7）注入完毕后，先关闭歧管压力计上的手动低压阀，再关闭制冷剂罐开关，使发动机停止运转，然后将歧管压力计从压缩机上卸下，卸下时动作要迅速，以免过多制冷剂被排出。用布块盖在检修阀上，动作要快，防止制冷剂喷射到手上。

（8）装回所有保护帽和保护罩。

3）注入制冷剂时的注意事项

（1）注入人员应遵守操作规范，戴好防护眼镜，避免制冷剂直接与皮肤接触。

（2）制冷剂罐应放在 40 ℃ 以下的无太阳直射的通风处。

（3）在系统抽完真空后，应立即关闭歧管压力计上的手动高、低压阀，然后再关闭真空泵。两者顺序千万不能颠倒，否则会导致管道与外界相通，无法保持系统的真空状态。

（4）注入制冷剂后，应及时检查制冷剂的注入量。如果注入量适当，制冷剂在流动中仅有极少量的气泡，当发动机转速提高到 1 500 r/min 时气泡应完全消失，且制冷剂呈透明状；如果注入过量，则制冷剂在流动中完全看不到气泡；而注入量不足时，制冷剂在流动中会出现明显的气泡。

三、制冷剂的补充与排放

1. 制冷剂的补充

（1）起动汽车空调，使其运转几分钟。

（2）从视液玻璃窗口处检查制冷剂的流动情况。若气泡连续出现，则表明系统内缺少制冷剂。若气泡间断出现，需要再运转一会，观察气泡是否消失，若仍然有气泡，也表明系统缺少制冷剂。

（3）将歧管压力计、制冷剂罐和系统连接起来。

（4）打开制冷剂罐上的阀，拧松歧管压力计上的中间软管接头，使制冷剂放出几秒钟，然后拧紧接头，以排出中间软管内的空气，防止其进入制冷系统中。

（5）关闭手动高压阀，将制冷剂钢瓶直立，再起动发动机，并稳定在快怠速位置上（六缸发动机为 1 600 r/min，八缸发动机为 1 300 r/min），然后打开空调，风速设定为高挡。这时应打开汽车门窗，让排气压力保持在 1.55～1.68 MPa，如果排气压力不够高，可挡住送至冷凝器的通风，使其压力升高。

（6）打开手动低压阀，让气态制冷剂从低压侧进入汽车空调系统（注意吸入制冷剂的压力不得超过 0.35 MPa），在补充加注时，应保持制冷剂罐竖立，以防止液态制冷剂进入系统，造成事故。

（7）待制冷剂达到规定量时，关闭手动低压阀和制冷剂罐开关，从系统上卸下歧管压力计和制冷剂罐。

（8）停止发动机运行。

2. 制冷剂的排放

由于修理或其他原因，需将系统内的制冷剂排放掉，其排放方法有两种：一是将制冷剂放到大气中，此法污染环境；二是回收制冷剂，但要有回收装置。排放时，周围环境一定要通风良好，不能接近明火，否则会产生有毒气体。制冷剂排放的具体操作步骤如下：

（1）关闭歧管压力计上的手动高、低压阀，并将其高、低压软管分别接在压缩机高、低压检修阀上，中间软管的自由端放在工作擦布上。

（2）慢慢打开手动高压阀，让制冷剂从中间软管向上排出，阀门不能开得太大，否则压缩机内的冷冻润滑油会随制冷剂流出。

（3）当压力表读数降到 0.35 MPa 以下时，再慢慢打开手动高、低压阀，使制冷剂从高、低压两端同时排出。

（4）观察压力表读数，随着压力下降，逐渐开大手动高、低压阀，直至高、低压表的读数显示为零。

四、冷冻润滑油的加注

1）压缩机冷冻润滑油油量的检查

压缩机冷冻润滑油油量的检查方法有以下两种：

（1）观察油尺：卸下加油塞，通过加油塞孔察看并旋转离合器前板；将油尺用棉纱擦干净，然后插到压缩机内，直到油尺端部碰到压缩机内壳体为止；取出油尺，观察油尺浸入深度，当加油合适时，压缩机内油面应在前4～6格之间，若少则加入，若多则放出，然后拧紧加油孔塞。

（2）观察视镜：通过压缩机上安装的视镜玻璃，可观察冷冻润滑油油量，如果压缩机冷冻润滑油油面达到观察高度的80%位置，一般认为是合适的；如果油面在这个界限以下，则应该添加；如果油面在这个界限以上，则应该放出多余的冷冻润滑油。

2）冷冻润滑油的加注

补充冷冻润滑油的方法有以下两种：

（1）直接加入法：将冷冻润滑油按标准称量好，直接加入压缩机内，这种方法只是在系统大修后采用。

（2）利用抽真空法加注冷冻润滑油。如图7-10所示，其具体操作如下：

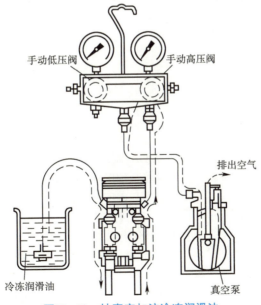

图7-10　抽真空加注冷冻润滑油

①按抽真空的方法先对制冷系统抽真空。

②选用一个有刻度的量筒，装上比要补充的冷冻润滑油油量还要多的冷冻润滑油。

③将连接在压缩机上的低压软管从歧管压力计上拧下来，并将其插入盛有冷冻润滑油的量筒内。

④起动真空泵，打开歧管压力计上的手动高压阀，补充的润滑油就从压缩机的低压侧进入压缩机中。当冷冻润滑油油量达到规定量时，停止真空泵的抽吸，并关闭手动高压阀。

⑤按抽真空法加注冷冻润滑油后，再对制冷系统进行抽真空、加注制冷剂。

项目三　汽车空调系统故障诊断

一、汽车空调系统常见故障（表7-1）

表7-1　汽车空调系统常见故障

故障	故障原因	故障现象	故障排除
无冷气	1. 空调压缩机V形带松动打滑或断裂； 2. 保险丝熔断，继电器损坏，电气元件接触不良，调温器及温度感应元件失灵； 3. 空调压缩机损坏，内部有泄漏； 4. 制冷剂管路及系统有泄漏； 5. 蒸发器鼓风机不工作	1. 传动带挠度大于10~15 mm； 2. 压缩机不能起动； 3. 低压侧压力高，高压侧压力低	1. 检查、调整或更换； 2. 修理或更换； 3. 检修、更换损坏零件； 4. 修复或更换； 5. 修理或更换
冷气不足	1. 制冷剂不足； 2. 制冷剂过多； 3. 冷凝器有故障； 4. 系统中有空气； 5. 蒸发器鼓风机不转或转速不够； 6. 散热器变形； 7. 膨胀阀开度过大	1. 高低压端压力均低； 2. 高低压端压力均高； 3. 高低压端压力均高； 4. 高低压端压力均高，观察视镜中见到气泡； 5. 蒸发器大量结霜，出风量不足； 6. 高低压端压力均高，低压端管路结冰或大量结霜	1. 找出泄漏处，补充制冷剂； 2. 放掉多余制冷剂； 3. 清洁冷凝器，调节风扇轮张紧度； 4. 更换干燥剂，抽真空、重新充注制冷剂； 5. 检查鼓风机开关、电阻器，或更换鼓风机； 6. 清除污垢，校正变形； 7. 调整膨胀阀过热度，检查或更换感温元件

二、汽车空调系统噪声及排除（表7-2）

表7-2　汽车空调系统噪声及排除

序号	故障原因	排除方法
1	电器接头松动，引起离合器噪声	拧紧接头或根据需要修理
2	离合器线圈故障	更换离合器线圈
3	离合器故障	更换离合器
4	离合器轴承损坏	更换离合器轴承
5	传动带松弛	拧紧，但不要调得过紧
6	传动带破裂（指双带传动）	成对更换传动带
7	传动带磨损或开裂	更换传动带
8	压缩机安装螺钉松动	拧紧螺钉
9	压缩机支架松动	固定压缩机支架
10	压缩机支架破损	修理或更换压缩机支架
11	鼓风机扇叶摩擦风机罩	调整或重新确定风机位置
12	鼓风机马达损坏	更换鼓风机马达
13	带轮轴承损坏	更换轴承或带轮部件
14	制冷剂充注过多	放掉多余制冷剂
15	制冷剂不足	检漏并修理，补充制冷剂
16	系统内冷冻润滑油过多	放掉多余润滑油或换油
17	系统内冷冻润滑油不足	检漏并修理，加油至标准
18	系统内湿气过量	排放系统，更换干燥器，系统抽真空，再次充注制冷剂
19	压缩机损坏	修理或更换

三、汽车空调系统冷却时有时无的原因及排除（表7-3）

表7-3　汽车空调系统冷却时有时无的原因及排除

序号	故障原因	排除方法
1	电路断路器故障	更换电路断路器
2	电路断路器超载时滑扣	消除短路或电流过大故障
3	接线松脱	修理或更新接线
4	鼓风机速度控制器故障	更换控制器（开关）
5	鼓风机变速电阻故障	更换电阻
6	鼓风机马达故障	更换鼓风机马达
7	离合器线圈故障	更换离合器线圈

续表

序号	故障原因	排除方法
8	传动带松弛	张紧传动带,但不能过紧
9	离合器电刷组件故障	更换电刷组件
10	鼓风机接地线松动	拧紧或修理搭铁接头
11	离合器线圈搭铁松动	拧紧或修理搭铁接头
12	离合器电刷组件搭铁松动	拧紧或修理搭铁接头
13	离合器打滑,磨损过度	更换磨损严重部件
14	恒温开关调整不当	重新调整恒温开关
15	恒温开关故障	更换恒温开关
16	离合器打滑电压低	找出原因,并予以改正
17	低压控制器故障	更换低压控制器
18	高压控制器故障	更换高压控制器
19	吸气压力调节器故障	更换吸气压力调节器
20	系统内湿气过多	排放系统,更换干燥器,抽真空,然后向系统充注制冷剂

四、汽车空调系统冷却效果不佳的原因及排除(表7-4)

表7-4 汽车空调系统冷却效果不佳的原因及排除

序号	故障原因	排除方法
1	鼓风机马达转得慢	紧固接头或更换马达
2	离合器打滑,电压低	找出原因,并予以改正
3	离合器打滑,磨损过量	更换磨损严重的离合器零件
4	离合器循环过于频繁	调整或更换恒温开关、低压控制器
5	恒温开关故障	更换恒温开关
6	低压控制器故障	更换低压控制器
7	吸气压力调节器故障	更换吸气压力调节器
8	经过蒸发器的气流不畅	清理蒸发器,修理混气门
9	经过冷凝器的气流不畅	清理冷凝器,修理混气门
10	储液干燥器滤网部分堵塞	更换储液干燥器
11	膨胀阀滤网部分堵塞	清理滤网,更换干燥器
12	孔管滤网堵塞	清理滤网,更换积累器
13	压缩机进口滤网部分堵塞	清理滤网,查明原因并排除故障

续表

序号	故 障 原 因	排 除 方 法
14	膨胀阀遥控温包松动	清理接触处，捆紧遥控温包
15	膨胀阀遥控温包未经保温	用软木和胶条保温
16	系统内湿气	按前述排除湿气，充注制冷剂
17	系统内空气	排放系统，抽真空，充注制冷剂
18	系统内制冷剂过多	排除多余制冷剂
19	系统内冷冻润滑油过多	排除多余润滑油或换机油
20	积累器部分堵塞	更换积累器
21	储液干燥器部分堵塞	更换储液干燥器
22	热力膨胀阀故障	更换热力膨胀阀
23	制冷剂不足	修理泄漏，抽真空，充注制冷剂
24	冷却系统故障	找出原因，并予以排除

思考与练习

一、填空题

1. 目前制冷剂中取代 R12 并得到广泛应用的是_____。
2. 汽车空调系统发生故障时可以由_____来察看系统中制冷剂量是否足够。
3. 由视镜观察玻璃上有气泡、泡沫不断流过，说明_____。
4. 由视镜观察玻璃上有条纹状的油渍，说明_____。
5. 歧管压力表组件的两个压力表中，一个用于检测冷气系统_____的压力，另一个用于检测_____的压力。
6. 制冷系统试漏有_____、_____、_____、_____、_____及_____等几种。
7. 目前常用的多功能电子检漏仪，它既能检测_____又能检测_____。
8. 染料示踪检漏法将加有_____的制冷剂注入系统，如系统有泄漏的情况，由于有_____，泄漏点可以明显地被发现。
9. 电子检漏仪应在_____的地方使用，避免在_____的地方使用，实施检查时，发动机要_____。
10. 加压检漏首先应备有_____和一定压力的压缩氮气。
11. 在春、秋或冬季不使用冷气的季节里，应每_____起动空调压缩机一次，每次 5~10 min。

12. 送入车厢内的空气都要经过空气进口滤清器的过滤，因此应经常检查滤清器是否被_____所堵塞并进行_____，以保证进风量充足，防止蒸发器芯空气通道_____，影响送风量。

13. 真空泵是汽车空调制冷系统安装、维修后抽真空不可缺少的设备，以去除系统内的_____和_____等物质。

14. 制冷剂回收与充注装置回收制冷剂一般使用_____法将制冷剂变成液态。

15. 在检漏工序以后或发现系统制冷量过多时，或发现有泄漏，需拆卸空调部件时，要排除_____。

16. 制冷系统抽真空的目的是_____。

17. 填充制冷剂时不可将液态制冷剂由低压端灌入，否则将使_____损坏。

18. 添加冷冻机油可用_____、_____两种方法。

19. 冷冻机油易_____，用后应马上将盖拧紧。

20. 如压缩机冷冻机油油面达到视镜高度的_____位置，一般认为是合适的。如果油面在此界限之上，则应引出多余的冷冻机油；如果油面在此界限之下，则应添加冷冻机油。

二、问答题

1. 使用制冷剂时需注意哪些事项？
2. 简述歧管压力表组件在维修汽车空调系统中起的作用。
3. 试说明 R12 与 R134a 系统的区别。
4. 试说明怎样通过观察视镜确定制冷剂的量。
5. 制冷系统检漏方法有哪几种？
6. 试说明肥皂泡沫检漏法检漏方法及主要检漏部位。
7. 怎样确定制冷系统管路中的高低压端？
8. 如何确定汽车空调制冷系统制冷剂的泄漏部位？
9. 充注液态制冷剂和充注气态制冷剂分别用于哪些场合？分别说明其充注方法。
10. 压缩机冷冻机油量的检查一般有哪两种方法？分别叙述其检查方法。
11. 系统中有空气时会有什么情况发生？应怎么处理？

参 考 文 献

［1］江军．汽车空调原理与检修［M］．北京：科学技术文献出版社，2015.
［2］冀旺年．汽车空调构造与维修［M］．北京：电子工业出版社，2016.
［3］岳江．汽车空调［M］．长春：吉林大学出版社，2016.
［4］潘伟荣．汽车空调［M］．北京：机械工业出版社，2007.
［5］刘春晖．汽车空调系统检修［M］．北京：机械工业出版社，2014.
［6］殷振波，李云杰．汽车空调系统构造与维修［M］．北京：机械工业出版社，2016.